Dorothea Beigel

Beweg dich, Schule!

Eine „Prise Bewegung“ im täglichen Unterricht der Klassen 1-10

Dorothea Beigel

Beweg dich, Schule!

Eine „Prise Bewegung“ im täglichen Unterricht der Klassen 1-10

BORGMANN
MEDIA

Kontakt
dbeigel@t-online.de
Informationen zur Arbeit im schulischen Bereich
www.schulamt-wetzlar-weilburg.de
http://anke.inglub.de
ankewz@t-online.de

weitergehende Fortbildungsveranstaltungen
www.guckloch.biz

– Sonderdruck –

Dieses Buch ist im Buchhandel oder beim Verlag unter der Bestell-Nr. 9367, ISBN 3-938187-15-8 erhältlich.

Veröffentlicht in der Edition:
BORGMANN MEDIA **• Hohe Straße 39 • D-44139 Dortmund**

Gesamtherstellung: Löer Druck GmbH, Dortmund

Inhalt

Erfolgreich lernen – nicht nur mit Köpfchen!

Beim Lernen hilft es, wenn nicht nur der Kopf aktiv ist, sondern auch der Körper: Bewegung wirkt lernfördernd.

Doch wie geht das im Unterricht? Ganz einfach: durch anregende Spiele, interessante Übungen und belebende Bewegungspausen.

Die AOK Hessen und das Hessische Kultusministerium laden ein, neue Wege zu betreten, Bewegungselemente in den Unterricht zu integrieren und sich so für mehr Gesundheit in der Schule stark zu machen. Denn wenn beim Lernen Körper und Geist angesprochen werden, ist das nicht nur interessanter, sondern auch effizienter.

Dorothea Beigel hat in „Beweg dich, Schule!“ eine Vielzahl von Anregungen und konkreten Vorschlägen für die schulische Praxis zusammengestellt. Eingebunden in das Projekt „Schule & Gesundheit“ werden aktuelle Erkenntnisse und langjährige Erfahrungen spielerisch in Szene gesetzt. Alles in allem ein heißer Tipp für einen aktiven und ansprechenden Unterricht.

Wir hoffen, dass Sie viele Anregungen für Ihre tägliche Schulpraxis finden und wünschen Ihnen beim Lehren und Lernen mit Bewegung viel Freude!

AOK – Die Gesundheitskasse in Hessen
Hessisches Kultusministerium

Einleitung

Liebe Kolleginnen, liebe Kollegen,

Sie merken, so geht es nicht mehr! Sie suchen andere Wege.
Sie möchten, dass Schule Ihnen und Ihren Schüler wieder Spaß macht.
Sie haben Recht!
Täglich erleben wir und auch unsere Schüler wachsende Belastungen in der Schule.
Eine zunehmende Anzahl von Kindern und Jugendlichen mit Lern- und Gesundheitsrisiken wie ADS/ADHS, LRS, Dyskalkulie[1], Adipositas[2], Diabetes und/oder Haltungsschäden fordern unseren pädagogischen Einsatz.
Wir haben viel gelernt in der Ausbildung, trotzdem reicht es für die tägliche Praxis nicht mehr aus. Schule hat sich verändert.
Wer hat uns die Notwendigkeit der Bewegung für das Lernen so deutlich vermittelt, dass wir es auch umsetzen?
Die Themen Bewegung und Lernen, Bewegung und Gesundheit, wurden in der Ausbildung – wenn überhaupt – nur am Rande gestreift.
Bewegung galt als so normal, dass sie nicht erwähnenswert schien.
Bewegung in der Schule wird nun seit Jahren zunehmend zum Thema, wenn auch die Umsetzung in den einzelnen Bundesländern sehr unterschiedlich gestaltet wird.
Veränderte Lehrpläne und eine zunehmende Anzahl von Schulen mit Ganztagsunterricht bieten bundesweit erweiterte Gestaltungs- und Handlungsspielräume für die einzelnen Schulen.
Zeitgemäße und notwendige Konzepte der Lern- und Gesundheitsförderung könnten greifen.

Seit 1990 arbeite ich als Referentin der Lehrerfortbildung mit vielen Kolleginnen und Kollegen der verschiedenen Schulformen (Vorklasse bis Berufsschule) zusammen.
Schwerpunkt meiner Fortbildungen ist die Erarbeitung lernunterstützender Möglichkeiten im täglichen Unterricht. Bewegung ist dabei ein zentrales Thema. Das Interesse der Kollegien am Thema ist groß, jedoch ist es auch mit einer gewissen Unsicherheit von Seiten der Lehrer und Eltern verbunden.

[1] ADS: Aufmerksamkeitsdefizit; ADHS: Aufmerksamkeitsdefizit mit Hyperaktivität, LRS: Lese-Rechtsschreibschwierigkeit; Dyskalkulie: Rechenschwäche

[2] Adipositas: Übergewicht; Diabetes: Zuckerkrankheit

Es kommt die Frage auf, ob ein bewegter Unterricht nicht dazu führt, dass

- mehr Unruhe in der Klasse herrscht,
- die Lerninhalte vernachlässigt werden
- Disziplin verloren geht
- die Parallelklassen im Lehrbuch um Seiten im Voraus sind
- Eltern die Unterrichtsveränderung des Lehrers nicht verstehen

Zudem wird bezweifelt, dass

- weiterführende Schulen Zeit für Bewegung aufbringen und generell die Notwendigkeit sehen, Lernen mit Bewegung zu unterstützen
- der Lehrer – selbst vielleicht eher unsportlich – sich vor und mit der Klasse bewegt

Um diesen Zweifeln und Fragen entgegen zu treten, habe ich mich entschlossen, das Buch inhaltlich so zu füllen, dass der Leser die Möglichkeit hat, Benutzer und Anwender der Inhalte zu werden, indem er

- die dargestellten theoretischen Grundlagen für einen Elternabend nutzen kann
- einfache Grundlagen für den Einstieg in einen bewegten Unterricht erfährt
- genügend verschiedene Bewegungsanregungen für den täglichen Unterricht findet

Schulische Verhältnisse sind mir durch eigene 24-jährige Klassen- und Fachlehrertätigkeit bekannt. Die im Buch vorgestellte Praxis wurde von mir und vielen meiner Kolleginnen und Kollegen jahrelang als Unterstützung erkannt und eingesetzt.

Ich wünsche Lehrern, Schülern und Eltern viel Freude beim Lernen mit Bewegung!

1. Wahrnehmen – Bewegen – Lernen – Leisten – Verhalten

Unterricht, der in bewegter und/oder spielerischer Form angeboten wird, unterstützt den Lehrer[1] in seiner Freude am Lehren und den Schüler beim Lernen.
Solange aber lediglich das *Gefühl* des Lehrers vorherrscht, dass diese Art von Unterricht den Schülern „gut tut“, wird der Pädagoge unsicher sein, ob er seinem Lehrauftrag in dieser Weise wirklich nachkommen soll.
Der Zweifel, Unterrichtsstoff nicht intensiv genug und angemessen zu vermitteln, wird an ihm nagen. Es ist daher unumgänglich, sich im Folgenden über die alltäglichen Erfahrungen hinaus mit wissenschaftlichen Erkenntnissen zu beschäftigen, die bestätigen, dass körperliche Bewegung das Denken, Lernen und Behalten fördert.

Wahrnehmensprozesse und Bewegungshandlungen bedingen sich gegenseitig und bilden eine Einheit.[2]
In ihrem Zusammenwirken legen sie die Grundlage für Lernen und Verhalten.
Je vielfältiger Wahrnehmungssysteme angeregt werden, desto sicherer und angemessener wird sich der Schüler in seinen Bewegungen und in seiner Auseinandersetzung mit der Umwelt ausdrücken.
Je intensiver Bewegung die Wahrnehmungssysteme aktiviert, desto optimaler können sich diese entwickeln.

Die Wahrnehmungsbereiche

• Visuell (Sehen)	Augen
• Auditiv (Hören)	Ohren
• Gustatorisch[3] (Schmecken)	Zunge
• Olfaktorisch (Riechen)	Nase
• Taktil (Spüren, Tasten)	Haut
• Vestibular (Gleichgewicht)	Gleichgewichtsorgan im Innenohr
• Propriozeption (Tiefenwahrnehmung)	Stellungs- und Spannungssinn der Muskeln, Sehnen und Gelenke

---

1 Um das Lesen zu erleichtern, wird im Buch durchgehend die männliche Form benutzt. Selbstverständlich sind die Schülerinnen und Kolleginnen genauso damit angesprochen.

2 Kiphard, E. J. (1990): Motopädagogik, S.13 – Gestaltkreis nach v. Weizsäcker (1940, 1972)

3 Auf Zusammenhänge zwischen gustatorischem und olfaktorischem Sinnessystem beim Lernen wird in diesem Buch nicht eingegangen.

1.1 Die Wahrnehmungssysteme und ihr Bezug zum Lernen in der Schule

Häufig liegt der Grund für Lern- und Verhaltensschwierigkeiten von Schülern in der mangelnden Fähigkeit, Sinneswahrnehmungen angemessen aufzunehmen, zu ordnen und zu verarbeiten. Komplexe Handlungen aber wie z.B. Lesen und Schreiben erfordern das richtige Verarbeiten und Verbinden der Sinneswahrnehmungen.[4]
Wahrnehmen und Bewegen sind keine abzugrenzenden Lernbereiche, sie stellen die Voraussetzungen und Grundlagen für alle Kompetenzbereiche dar. Ihre Bedeutung für die Gesamtentwicklung des Menschen ist zu betonen.
Sensorische Erfahrungen sind dann am wirksamsten, wenn die Schüler selbst aktiv sind, wenn sie sich bewegen, wenn sie handeln.

1.1.1 Das visuelle Wahrnehmungssystem

Etwa 80% aller Nervensignale sind visueller Art. Die Augen sehen, das Gehirn interpretiert. Seherfahrung beginnt bei der Geburt und entwickelt sich bis zum Seniorenalter weiter.
Die volle Sehschärfe erreicht das Kind etwa mit sieben bis acht Jahren. Das ist die Zeit, in der die Stirnlappen ausreifen und zu der sich die feinmotorische Koordination der Muskeln im ganzen Körper entwickelt.
Ab diesem Alter sind peripheres Sehen und Tiefenschärfe sowie schließlich das Zusammenspiel der Augen optimal möglich. Augenabstimmung liegt vor, wenn das dominante Auge beim Lesen oder Schreiben die Führung übernimmt und die Bewegung beider Augen bestimmt.
In der Schule wird der Schüler vor visuelle Aufgaben gestellt:
Er soll Lesen und Schreiben lernen.
Lehrer bemerken bei ihren Schülern häufig Schwierigkeiten, etwas „richtig" sehen zu können.
In der Regel sprechen sie die Eltern darauf an und bitten sie, das Sehen medizinisch abklären zu lassen.
In einigen Fällen wird eine Brille nötig und die Verbesserungen und Erleichterungen für das Lernen des Schülers treten ein.
In anderen Fällen aber bleibt der Lehrer ratlos, weil von augenärztlicher Seite festgestellt wird, dass es keine medizinischen Auffälligkeiten in diesem Bereich gibt und der Schüler „wie ein Adler" sieht.

---

[4] Ayres, J. (1984): Bausteine kindlicher Entwicklung

Die Frage, warum der Schüler Buchstaben, Ziffern, Rechenzeichen und Formen verwechselt, schnell beim Arbeiten ermüdet, auswendig liest oder eine unleserliche Schrift hat, bleibt offen.

Der Lehrer steht überlegend vor der Frage, soll er

- den Schüler mehr üben lassen
- davon ausgehen, dass der Schüler absichtlich nicht genau hinsieht
- die Schwierigkeit des Schülers ignorieren
- sich selbst einfach geirrt haben ...

In der Fachliteratur findet der suchende Lehrer Ausführungen zu den Wahrnehmungssystemen und zur Wahrnehmungsverarbeitung. Er erfährt, dass Reize für die Sinnesorgane wichtig sind und „Futter" für das Nervensystem darstellen.[5]
Der Pädagoge beginnt sich zu fragen, ob der Schüler in der heutigen Zeit nicht genügend visuelle Reize erfährt. Und er beantwortet sich diese Frage mit dem Wissen, dass es genügend – ja eher zu viele Reize – für das visuelle Wahrnehmungssystem gibt.
Wie sehr der visuelle Wahrnehmungsbereich des Menschen täglich überlastet wird, ist Lehrern weitestgehend bekannt. Mehrstündiger täglicher Fernseh- und Videokonsum, Computerarbeit, Game-Boy-Spiele u.ä. tragen ebenso dazu bei wie überfrachtete visuelle Anreize in Kaufhäusern, Kinderzimmern, Straßenverkehrssituationen ...
Das Problem des Schülers, der scheinbar nicht richtig sieht und doch medizinisch unauffällig ist, bleibt vorerst offen ....

1.1.2 Das auditive Wahrnehmungssystem

Die Hörwahrnehmung wird als eine wichtige Voraussetzung für die sprachliche Kommunikation und das Denken angesehen. Die Entwicklung beginnt bereits vorgeburtlich und hält parallel zum Erlernen der kindlichen Sprache an.
Eine Schädigung oder eine Beeinträchtigung in diesem Wahrnehmungsbereich kann Auswirkungen auf das Erlernen der Sprache sowie auf den späteren Schriftspracherwerb zeigen.[6]
Jeder Lehrer kennt Schüler, von denen er das Gefühl hat, dass sie ihm gar nicht zuhören wollen ... oder können?

---

[5] Ayres, J. (1998): Bausteine kindlicher Entwicklung
[6] Beigel, D. (2003): Flügel und Wurzeln, S.64

Diese Schüler schauen manchmal geradewegs durch den Lehrer hindurch, wenn er meint, sie angesprochen zu haben – scheinbar sind sie Welten von ihm entfernt.
Der Lehrer möchte abklären, ob der Schüler Hörverarbeitungsschwierigkeiten hat und bittet die Eltern daher um einen Facharztbesuch. Weit über 500.000 Kinder in Deutschland sollen Schätzungen zufolge Hörstörungen haben, die behandelt werden müssen. Neben den angeborenen Hörschäden treten erworbene Hörprobleme auf.[7]
Nach erfolgter Untersuchung gelingt es einigen Schülern, mit Hilfe medizinischer Unterstützung leichter zuzuhören.
Andere Schüler bringen die Nachricht, dass ihr Hören „ohne Befund" ist und es keine Veranlassung zu medizinischer Intervention gibt.

Der Lehrer steht vor der Frage, soll er

- den Schüler nachdrücklicher ansprechen
- davon ausgehen, dass der Schüler ihm absichtlich nicht genau zuhört
- denken, dass der Schüler keinerlei Interesse an seinem Unterricht hat
- sich provoziert fühlen durch das „scheinbare" Nicht-Zuhören des Schülers
- die Schwierigkeit des Schülers ignorieren

Er sucht Hilfe in der Literatur und erfährt davon, dass auch das auditive Wahrnehmungssystem durch Reize angeregt und unterstützt werden kann. Er ist verwirrt und fragt sich, ob denn die Schüler nicht genügend auditiven Reizen ausgesetzt sind: Gleichzeitiges fernsehen und Radio hören, lärmende Geräusche im Straßenverkehr und auf dem Schulhof, absolute Lautstärke in der Disco ...
Das Problem des Schülers, der scheinbar nicht richtig (hin-/zu)-hört und doch medizinisch unauffällig ist, bleibt noch einen Moment offen ....

Häufig wird die Bedeutung der Wahrnehmung in Literatur und Medien nur in Bezug auf das visuelle und das auditive Sinnessystem gesehen. Dabei stellen sich gerade die sogenannten Körpernahsinne – die Taktilität, das Vestibularsystem, die Propriozeption – als Basis der sensorischen Verarbeitung dar. Sie spielen eine grundlegend wichtige Rolle in der menschlichen Entwicklung, auch für das Lernen. Die drei Körpernahsinne liefern dem Gehirn notwendige Reize, die angemessen verarbeitet werden müssen.

[7] WNZ,10.4.2005, Medizin, S. 4

Alle drei Sinnessysteme finden auch noch in der heutigen Pädagogik kaum oder nur wenig Beachtung, obwohl sie

- vorgeburtlich als erste Wahrnehmungssysteme reagieren und funktionieren
- grundlegend wichtig für die gesamte weitere menschliche Entwicklung sind
- schon funktionsfähig sind, wenn Hören und Sehen sich erst differenzieren
- in engstem Zusammenhang mit Sehen und Hören stehen
- Voraussetzung für die Entwicklung von Körperwahrnehmung, Bewegung und Bewegungsvorstellung sind
- in unserer heutigen, schnelllebigen und technisierten Welt starker Vernachlässigung ausgesetzt sind
- mit schulischen Aufgaben des Lernens und Leistens eng vernetzt sind
- Verhaltensweisen und Emotionalität der Schüler beeinflussen

1.1.3 Das taktile Wahrnehmungssystem

- ist das vielfältigste und flächenmäßig größte Sinnessystem des Menschen.
  Die Haut umhüllt und schützt den Menschen, sie hat Rezeptoren für Kälte, Wärme, Druck, Bewegung[8]
- wird während der Entstehung des Menschen gemeinsam mit dem Nervensystem aus der gleichen Gewebsschicht gebildet.
  Gehirn und Haut haben also einen Ursprung
- ist das erste reagierende Sinnessystem des Menschen.
  Bereits in der 5. Schwangerschaftswoche reagiert das Ungeborene mit einer Ganzkörper-Rückzugsbewegung auf einen Stimulus

Je besser die taktile Wahrnehmung eines Schülers differenziert ist, umso klarer sind das Körperschema[9] und das Körperbild[10] des Schülers.

---

[8] Montagu, A. (1995): Körperkontakt

[9] Das Gehirn erhält durch Verknüpfen und Verarbeiten von Sinneseindrücken ein Bild des Körpers. Auf diese Weise entsteht eine Art Landkarte des eigenen Körpers. Je genauer die Landkarte bzw. das Körperschema ausgeprägt ist, desto größer ist das Repertoire an Bewegungsmustern, auf die der Mensch zurückgreifen kann.

[10] Das Körperbild entsteht auf Grundlage aller auf den Körper bezogenen Empfindungen. Das Körperbild bestimmt in hohem Maße das Selbstbild des Menschen mit.

Das Körperschema steht in Zusammenhang mit der Orientierung am eigenen Körper und mit dem Wissen und der Kenntnis des Körpers, der Einschätzung seiner Größe und seiner Ausdehnung. Es bildet die Grundlage für spätere Orientierung im Raum, unterstützt das zweidimensionale Arbeiten auf dem Papier (Schreiben in Linien und Kästchen, Orientierung auf dem Arbeitsblatt) und den Umgang mit mathematischen Räumen.
Das Körperbild ist eng verbunden mit dem Körperbewusstsein, der Einstellung zum eigenen Körper und dem Erleben der Körpergrenzen.[11] Es steht in Zusammenhang mit der Wertschätzung des eigenen Körpers, des „Sich – spürens" und des „Mit – fühlens".

Die Fachliteratur gibt zudem Hinweise auf die Verknüpfung zwischen Sprachentwicklung und Körperkontakt[12] und auf die Verbindung von Körperkontakt und Lernschwierigkeiten.[13]
Menschen in jedem Alter profitieren davon, das zu Lernende „be – greifen" oder „er – fassen" zu können, um später sicher mit den Lerngegenständen umzugehen.
Für die Schule ist daher ein handlungsorientierter, bewegter, Sinn unterstützender Unterricht nicht nur lernfördernd, sondern unabdingbar!
Schüler machen durch Handeln und Bewegen notwendige taktile Erfahrung in Partner- und Gruppensituationen, erleben Berührungsangebote mit verschiedensten Materialien und verstärken den Eigenhautkontakt – sie unterstützen ihr Gehirn.
Durch eine zunehmende Tendenz der Vernachlässigung taktiler Reize ist es besonders wichtig, die Tätigkeit des Gehirns durch taktile Erfahrungen auch in der Schule zu unterstützen.
Das einfache und kurzzeitige Drücken von Knöpfen ersetzt heute Arbeiten, die früher einen längeren und intensiveren Einsatz des taktilen Sinnensystems forderten.
So machte der Schüler früher beim täglichen Abwaschen oder Abtrocknen des Geschirrs, beim Waschen der Wäsche, beim Kneten des Teigs ... vielfältige, regelmäßige Sinneswahrnehmungen, die das Gehirn in seiner Tätigkeit unterstützten.
Erfahrungen über Form, Größe, Länge ... wurden bei den alltäglichen Arbeiten unbewusst vom Gehirn als Grundlage für spätere Lerninhalte gespeichert.

---

[11] Beigel, D. (2003): Flügel und Wurzeln, S. 41
[12] Leboyer, F. (1981): Geburt ohne Gewalt
[13] Ayres, J. (1998): Bausteine kindlicher Entwicklung, S. 152

Die Notwendigkeit dieser Tätigkeiten verringerte sich im Zuge einer veränderten Umwelt merklich. Spül- und Waschmaschinen übernehmen die „Handarbeit“, Werbung und Industrie präsentieren Alternativen zur Selbsterfahrung. Fertigteig wird direkt aus der Tüte in eine Form gegossen, um im Ofen bearbeitet zu werden.
Auch Erfahrungen von zwischenmenschlichen Kontakten verringern sich. Nachrichten können mittels Handy und E-mail überbracht werden. Haut- und Blickkontakt werden dadurch seltener.
Die Fortschritte der Menschheit sollen nicht bemängelt werden – aber sie müssen uns aufmerksam machen: Die Welt verändert sich rasant, die Meilensteine der menschlichen Entwicklung und die Grundbedürfnisse des Menschen aber sind unverändert!
Erziehungskonzepte für Kinder und Jugendliche müssen verantwortungsvoll darauf eingehen.

Schüler mit einer geringen Toleranzgrenze taktilen Reizen gegenüber werden stets versuchen, Taktilität zu vermeiden.
Es sind die Schüler, die häufig schon in der Grundschule dadurch auffallen, dass sie Aktivitäten wie Kneten, Matschen, Backen, Malen mit Fingerfarben schnell beenden möchten, um ihre Hände zu reinigen. Manche von ihnen lehnen auch Körpernähe deutlich ab. Dies registriert der Lehrer.

Unbewusst aber bleibt dem Pädagogen, dass auch das Nebeneinandersitzen in der normalen Schulsituation für einige der Schüler zur Belastung werden kann. Sie spüren sensibel und durchgehend die Nähe des Mitschülers. Diese Tatsache lenkt sie vom Lernen ab und verringert ihre Konzentration zur Mitarbeit.

Im Gegensatz dazu erleben wir Schüler, die sich selbst erst bei deutlichen taktilen Reizen verspüren. Sie fallen in der Schule häufig dadurch auf, dass sie Wunden ignorieren, in ihrem Verhalten anderen gegenüber brutal erscheinen. Sie nähern sich mit festen und kräftigen Griffen und erscheinen teilweise distanzlos. Angesprochen auf ihren Umgang mit anderen, reagieren sie erstaunt. Sie freuen sich, wenn sie den anderen spüren und verstehen unsere Einwände nicht.

Taktil überempfindliche wie taktil unterempfindliche Schüler profitieren von taktilen Reizen. Je vielfältiger das handlungsorientierte Angebot ist, umso intensiver wird die Unterstützung zur angemessenen Verarbeitung der Reize sein.

Alle Schüler sämtlicher Schularten finden durch Angebote taktiler Wahrnehmungserfahrung gehirngerechte Unterstützung beim Lernen.

Deshalb ist es für die Schule geradezu verpflichtend, Lernangebote mit taktiler Wahrnehmungserfahrung zu verbinden. Bewegung im täglichen Unterricht bietet hervorragende Möglichkeiten dazu.

Die Zusammenhänge zwischen Lernen/Verhalten und einer taktilen Wahrnehmungsverarbeitung sind im folgenden Schaubild noch einmal zusammengefasst:

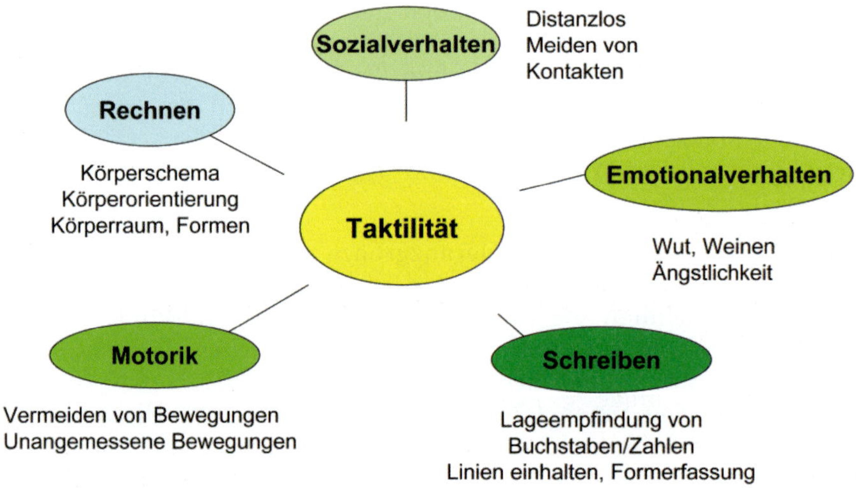

1.1.4 Das Vestibularsystem

- befindet sich beidseitig im Innenohr und ist von großer Bedeutung: Es nimmt mit hochsensiblen Rezeptoren jede Verlagerung im Raum wahr, erfasst die Richtung von Schwerkraft und Bewegung und ermöglicht dem Menschen, sein Gleichgewicht zu halten.
  Es sichert sowohl die aufrechte Körperhaltung als auch die Körperhaltung in verschiedenen Bewegungssituationen.
  Es dient der Sicherung der Orientierung des Kopfes und des Körpers im Raum, es stellt sich auf Beschleunigungen, Drehungen und Richtungsveränderungen ein
- beginnt um die 9. Schwangerschaftswoche zu funktionieren
- arbeitet eng mit dem auditiven und mit dem visuellen Sinnessystem zusammen
- Jean Ayres[14] hält das Gleichgewichtssystem für das „alles vereinende Bezugssystem“ und sieht einen engen Zusammenhang zwischen Schulschwierigkeiten und vestibularen Störungen

[14] Ayres, J. (1998) : Bausteine kindlicher Entwicklung, S. 65

Eine gute Verarbeitung vestibularer Reize begünstigt die Hörwahrnehmung und die Kontrolle der Augen und der Halsmuskulatur.
Vestibulare Stimulation unterstützt im visuellen Bereich eine differenzierte Blickregulation, die Augenkontrolle und das Entspannen der Augen.
Schwierigkeiten bei mangelnder vestibularer Wahrnehmungsverarbeitung können sich in Form von verschwommenem Sehen oder von angestrengten Augenfolgebewegungen bemerkbar machen.

Laut Hendrickson[15] geht etwa ein Fünftel der Botschaften von den Augen, von der Retina und den äußeren Augenmuskeln, in die Bereiche des Gehirns, die für Gleichgewicht zuständig sind.
Schüler können durch vestibulare Wahrnehmungsstörungen eine veränderte oder erschwerte Sehverarbeitung erleben.
Bewegung ist hervorragend geeignet, das Vestibularsystem zu aktivieren.

Auffälligkeiten im auditiven Bereich stehen ebenfalls häufig mit mangelnder Verarbeitung vestibularer Reize in Verbindung. Eine veränderte Hörwahrnehmung kann sich zusätzlich in Sprachentwicklungsschwierigkeiten niederschlagen.

Schüler mit vestibularen Schwierigkeiten zeigen häufig mangelnde Raumvorstellung – sie laufen oder schreiben in eine falsche Richtung. Ihre Größen- und Höhenvorstellung weicht von der Realität ab, da ihr individuelles Empfinden von Größe und Höhe die Grundlagen für den späteren abstrakten Umgang mit diesen Messwerten beeinflusst. Wird z.B. die erste Stufe einer Sprossenwand vom vestibular sensiblen Schüler als hoch empfunden, wird dies seine Höhenvorstellung genau so beeinflussen wie das Erlebnis des vestibular unterempfindlichen Schülers, der mit Spaß in der Turnhalle (zum Schrecken des Lehrers) unter der Hallendecke herum klettert.
Die vom Körper gemachten Erfahrungen werden auch bei kognitiver Aufgabenbewältigung im abstrakten und logischen Bereich einen nicht unerheblichen Stellenwert besitzen.
Schüler, deren Vestibularsystem unangemessen reagiert, zeigen teilweise erhebliche Schwierigkeiten still zu stehen oder still zu sitzen. Sie erscheinen motorisch unruhig, wirken unaufmerksam und zerstreut. Vermeidungsstrategien – Verweigerung oder Kaspern – begleiten ihre Schullaufbahn ebenso wie Konzentrationsschwierigkeit, Ablenkbarkeit und häufige Flüchtigkeitsfehler. Motorische Ungeschick-

[15] Hendrickson 1969 in Hannaford, C. (1996): Bewegung, das Tor zum Lernen, S. 39

lichkeit oder überschießendes Verhalten, das teilweise als „sportlich“ interpretiert wird, zeichnet sie aus.

Oft hindern gerade die Verhaltensweisen der motorischen Unruhe oder des Verweigerns und Kasperns den Pädagogen daran, den Schülern noch mehr Bewegung anzubieten.
Die Überlegung, motorisch unruhige Schüler durch Bewegung zu unterstützen, erscheint im ersten Moment absurd, ist jedoch äußerst hilfreich.

Es sei erwähnt, dass mangelnde Blasen- und Darmkontrolle ebenso wie eine zeitweise leichte Übelkeit, mit dem Vestibularsystem in Verbindung stehen können.

Vestibulare Angebote durch täglich regelmäßige Bewegung im Unterricht bieten den Schülern die Chance, sich besser konzentrieren zu können und aufmerksamer zu arbeiten.
Hüpfen, Drehen, Gehen, Laufen, Springen, Rollen, Bücken und Kopfbewegungen vermitteln dem Vestibularsystem notwendige Reize und unterstützen damit die Arbeit des Gehirns beim Lernen.

Die Zusammenhänge zwischen Lernen/Verhalten und einer vestibularen Wahrnehmungsverarbeitung sind in folgendem Schaubild noch einmal zusammengefasst

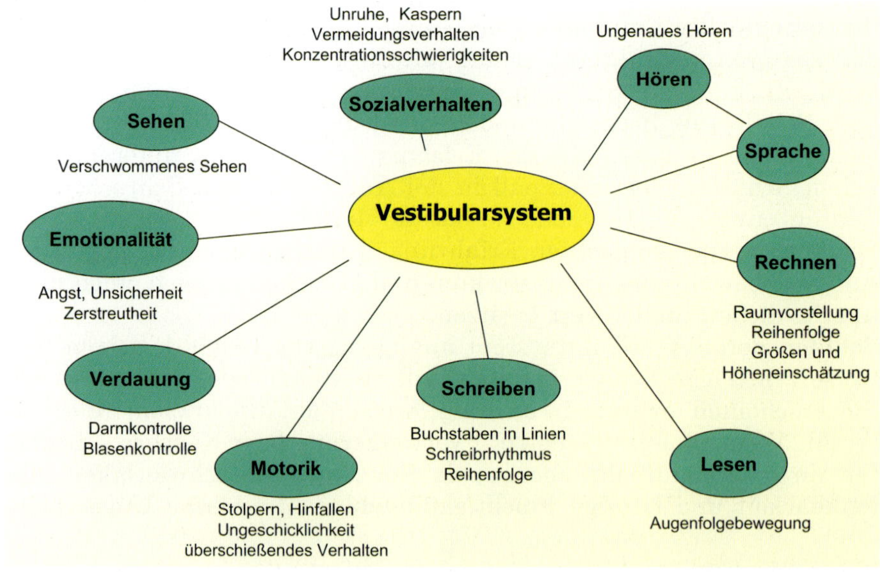

Vestibularsystem – „das allumfassende Sinnessystem

1.1.5 Das propriozeptive Sinnessystem

- registriert über sensorische Informationen aus Muskeln, Sehnen und Gelenken deren Stellung zueinander und ermöglicht die Ausführung angemessener Bewegungen
- unterstützt das Planen und Kontrollieren von Bewegungsabläufen und die Automatisierung von Bewegungen
- trägt in Zusammenarbeit mit dem taktilen Sinnessystem und dem Vestibularsystem maßgeblich zur Entwicklung des Körperschemas bei.
  Das Körperschema ist das erste räumliche Vorstellungsbild, das der Mensch entfaltet

Durch Bewegung und Wahrnehmung nimmt der sich entwickelnde Mensch seinen Körper wahr und lernt seine Körpergrenzen kennen. Daraus entwickelt sich ein differenziertes Bild vom eigenen Körper, es entsteht die Wahrnehmung der Beziehung zwischen Körper und Raum.
Das Gefühl für Raumrichtungen unten – oben, vorn – hinten, links – rechts sowie für Höhe, Tiefe und Breite wird angelegt.
Der Mensch lernt, die Lage von Gegenständen im Raum zu erkennen, Formen zu erfassen und nachzulegen und aktiv im Raum zu planen und zu konstruieren.

Die Erfahrungen, die ursprünglich im körpereigenen Raum entstehen, werden in der Schule zweidimensional auf dem Papier in Buchstaben, Ziffern, Zahlen und Formen umgesetzt.
Je mehr propriozeptive Erfahrungen der Schüler über Bewegung macht, umso besser wird die Orientierung am eigenen Körper unterstützt. Das Bewusstsein der rechten und linken Körperhälfte, die Unterscheidung und das Einhalten von Arbeitsrichtungen, die Orientierung im Zahlenraum werden davon ebenso profitieren (Zahlenstrahl, Hundertertafel ...) wie die Schreibrichtung und die Raumlage von Buchstaben.

Schülern mit unangepasstem Muskeltonus (hypoton, hyperton) ist das Erkennen und Verarbeiten einzelner Körperreize erschwert. Sie profitieren von Bewegung, um ihre angespannte oder erschlaffte Muskulatur für differenzierte Rückmeldungen aus dem Körper zu schulen.
Die klare Rückmeldung ist für den Aufbau einer stabilen Figur-Grund-Wahrnehmung des Körpers notwendig und steht mit dem Erlernen und Bewältigen des Lesens, Schreibens, Rechnens und der Naturwissenschaften in engem Zusammenhang.

Unterricht fordert auch die Figur-Grund-Wahrnehmung im visuellen Bereich.
Der Schüler soll z.B. einzelne Formen, Zeichen, Farben, Buchstaben oder Ziffern aus einer Fülle optischer Informationen erkennen (Grundschule: „Suche auf dem Arbeitsblatt das kleine u und kreise es ein!“).
Erst auf einer gelungenen visuellen Figur-Grund-Wahrnehmung kann die visuelle Differenzierung, das Unterscheiden verschiedener Formen, Zeichen, Farben, Buchstaben und Ziffern, aufbauen (Grundschule: „Suche alle kleinen b und kreise sie rot ein, suche alle kleinen d und kreise sie grün ein!“).

Die Fähigkeit der visuellen Differenzierung wird im Deutsch- und Fremdsprachenunterricht, in Mathematik, im naturkundlichen Unterricht und in der praktischen und theoretischen Berufsausbildung benötigt. Sie hängt immer auch mit den Erfahrungen der körpereigenen Figur-Grund-Wahrnehmung und Differenzierung zusammen.

Für schulisches Lernen und Leisten ist auch die auditive Figur-Grund-Wahrnehmung wichtig.
Es kommt darauf an, akustische Reize aus einer Fülle verschiedener Laute herausfiltern zu könne (Grundschule: “ Wenn Du ein u im Wort hörst, mach die Augen zu!“). Darauf aufbauend kann akustische Differenzierung wie „b – d“, „g – k“, „t – d“, „p – b“ gelingen, die u.a. Grundlage für die Rechtschreibleistung des Schülers ist.
Die Vorerfahrungen aus dem Körperbereich spielen bei der Bewältigung der Aufgaben eine nicht unerhebliche Rolle.

Komplexe fein- und grobmotorische Bewegungen werden anfangs als einzelne Elemente erlernt und verschmelzen durch die Möglichkeit von Wiederholung und Übung zu flüssigen Abläufen.
Vielfältige Bewegungsmöglichkeiten führen zu Automatisierung.
Die Automatisierung ermöglicht, dass bestimmte Bewegungsabläufe (z.B. das Halten und Führen des Stifts) nicht mehr der vollen Aufmerksamkeit bedürfen.

Schüler mit mangelnder Propriozeption fallen vielfach durch ungeschicktes oder tollpatschiges Verhalten auf. Sie können ihre Bewegungen nicht rechtzeitig stoppen, rempeln andere an, verschütten schnell Flüssigkeiten.
Auf dem Schulhof geraten sie leicht in Rangeleien. Bei Ansprache durch den Lehrer „reizen“ sie diesen zeitweise durch unbeabsichtigten hypotonen (scheinbar uninteressierten) oder hypertonen (scheinbar ständig grinsenden) Gesichtsausdruck. Soziale Missverständnisse sind vorprogrammiert.

Beim Schreiben kosten nicht automatisierte Bewegungen unnötig Energie und Zeit. Unangepasster (zu starker oder zu schwacher) Stiftdruck führt zur Verkrampfung der Hand, des Armes oder der Schulter, letztlich führt er vielfach bis zum Kopfschmerz.
Das Binden der Schuhe und andere feinmotorischen Bewegungsabläufe werden von Schülern mit propriozeptiven Schwierigkeiten bis in höhere Klassen vermieden.

Fazit ist, dass Bewegung jeder Art, fein- wie grobmotorisch, die beste und angemessenste Förderung für das propriozeptive Sinnessystem ist.
Je vielfältiger und variierter die täglichen Bewegungsangebote sind, umso intensiver wird der Schüler in seinem Lernen unterstützt.

Die Zusammenhänge zwischen Lernen/Verhalten und einer propriozeptiven Wahrnehmungsverarbeitung sind im folgenden Schaubild noch einmal zusammengefasst:

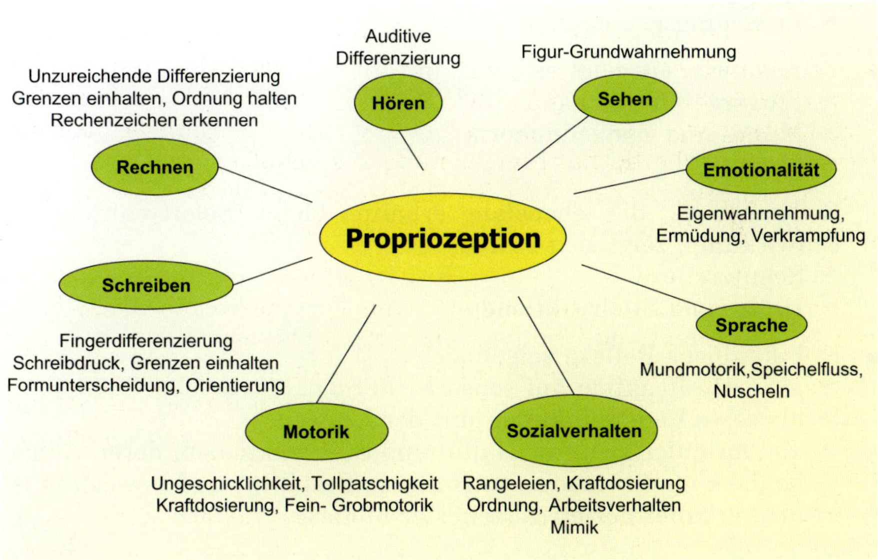

1.2 Die Bewegung und ihr Bezug zum Lernen in der Schule

„Bewegung ist die Grundlage jeglicher Handlungsfähigkeit. Unausgelebte und eingeschränkte Bewegung kann gesundheitliche Schäden sowie Auffälligkeiten der Leistungsfähigkeit und des Sozialverhaltens zur Folge haben.“[16]

Unter Motorik versteht man die Gesamtheit der menschlichen Bewegungsabläufe. Bewegungen, die vom Zentralnervensystem angemessen gesteuert werden, befähigen den Körper, sich kontrolliert zu bewegen.

Zur menschlichen Motorik zählen:

- Grobmotorik, sie zeigt sich z.B. in
  - Bewegungskoordination
  - Bewegungsintensität
  - Bewegungsschnelligkeit
  - Bewegungsgenauigkeit
- Feinmotorik, sie zeigt sich z.B. in
  - Fingergeschicklichkeit
  - Mund- und Zungenmotorik
  - Mimik
- Reflexmotorik, die lebenslang erhalten bleibt (Sofortreaktion auf Einwirkung), zeigt sich z.B. als
  - Schutzreflexe
  - Halte- und Stellreaktionen
- Frühkindliche Reflexe zeigen sich
  - als erste Reaktion auf sensorische Signale (vorgeburtlich)
  - als erste Kommunikation mit der Umwelt
  - als Vorläufer späterer Halte- und Stellreaktionen, deren Aufgabe die Unterstützung von Haltung, Stabilität und Bewegung ist
  - als Vorläufer gezielt gesteuerter Motorik

Schon etwa eine halbe Stunde Gehen oder Laufen genügen, um das Gehirn aufnahme- und denkfähig zu machen. Gesteigerte Sauerstoffaufnahme bringt das Gehirn in Schwung und durch die Bewegung werden zusätzlich verschiedene Botenstoffe produziert:

[16] Hessisches Sozialministerium, Hessisches Kultusministerium (2005): Entwurf Bildungs- und Erziehungsplan für Kinder von 0 bis 10 Jahren in Hessen, S. 53

- Endorphine zur Verbesserung des Wohlbefindens
- Dopamin zur Steigerung der Motivation
- Noradrenalin zur Aktivierung von Körper und Geist
- Serotonin zur Erhöhung des Selbstvertrauens und zum Abbau von Angst

Körperliche Bewegung und frische Luft steigern zudem das Erinnerungsvermögen um bis zu 20%. Forscher fanden außerdem heraus, dass das Gehirn im Stehen bis zu 10% aktiver ist als im Liegen.[17]

Gedächtnispsychologische Studien kommen zu dem Resultat, dass Lerninhalte durch gleichzeitige Bewegung wahrscheinlich doppelt codiert werden und dadurch schneller und sicherer aus dem Langzeitgedächtnis abrufbar sind. Therapeutische Förderprogramme nutzen die körperliche Bewegung gezielt, um Lernproblemen zu begegnen. [18]

Und was tut die Schule?
Der Sinn von Bewegungsförderung ist heute unumstritten. Motorik ist ein wichtiger Bestandteil der menschlichen Entwicklung und muss gerade im Rahmen der Schule angemessen beachtet und gefördert werden.

Das Ansinnen, Schüler intellektuell zu fordern, kann nur gelingen, wenn bedacht wird, dass motorische und kognitive Anteile in Wechselwirkung zueinander stehen.
Bewegungsmangel verhindert das Sammeln von Erfahrungen mit dem eigenen Körper. Schülern, die sich zu wenig bewegen, gelingt das Zusammenspiel zwischen Wahrnehmung – Bewegung – Lernen und Leisten nur ungenügend oder ist erschwert.

Immer häufiger entwickeln Schüler auf diesem Hintergrund Lernprobleme, Verhaltensauffälligkeiten oder psychosomatische Leiden.
Die Auswirkungen zeigen sich schon vielfach im Primarbereich, vermehrt jedoch auch in den weiterführenden Schulen.

Die Gründe für den mangelnden motorischen Zustand von Schülern sind vielfältig. Enge und gefährliche Wohnumgebung, fehlende Spielräume und Spielgefährten, zeitlich überlastete Eltern und Erzieher, die Bewegung selbst nicht vorleben, Konsumüberladung, ein zu hoher Medienkonsum ... führen zu passivem, gesundheitsschädlichen Bewegungsverhalten mit Auswirkungen auf das Lernen.

---

[17] http://www.handicap-network.de/handicap/Glossar/glossarg.htm
[18] Liebertz, Ch., (2004): in Gehirn und Geist 7/2004, S. 70

Der motorisch desolate Zustand der heutigen Schüler, vielfach durch Studien belegt, nennt folgende gesundheitliche Beeinträchtigungen:

- Zunahme von Übergewicht
  - ➢ Weltweit hat Übergewicht bei Kindern und Jugendlichen in den letzten Jahrzehnten stark zugenommen. Diese Entwicklung stellt ein gravierendes Gesundheitsproblem dar. Übergewicht kann bei Kindern Haltungsschäden, Kurzatmigkeit, erhöhten Cholesterinspiegel und Bluthochdruck begünstigen.
    Eine aktuelle Studie belegt, dass ein Drittel von über eintausend erfassten übergewichtigen bis adipösen Kindern und Jugendlichen bereits Bluthochdruck und ein Viertel Fettstoffwechselstörungen zeigten. Langfristig besteht die Gefahr, Diabetes, Herzinfarkt und Schlaganfall zu erleiden.[19]
    In Deutschlandland gelten bereits etwa 20% aller Kinder und Jugendlichen als übergewichtig, 8% als fettleibig[20]
  - ➢ Viele Studien bestätigen den Zusammenhang zwischen erhöhtem Fernsehkonsum und Übergewicht. So tritt Übergewicht 1,7-fach häufiger bei Kindern auf, die täglich über zwei Stunden fernsehen oder Computerspiele benutzen als bei jenen, die ihre Zeit bewegt verbringen. Manche dieser Kinder zeigen zusätzlich mangelhafte Schulnoten, die den Antrieb „des Essens aus Frust“ verstärken. Dazu kommende psychische Belastungen ergeben sich durch Hänseleien, denen sie wegen ihres Übergewichts ausgesetzt sind[21]
  - ➢ Als eine wesentliche Ursache für das Übergewicht werden Bewegungsmangel und eine bei Kindern als „trendy“ geltende zucker- und fettreiche Ernährung sowie Softdrinks angesehen[22]
  - ➢ Wissenschaftler und Ministerien sind sich über die Notwendigkeit einer gezielten Bewegungs- und Ernährungserziehung einig: Prof. Klaus Hurlemann, Direktor des WHO Collaborating Center of Child and Adolescent Health Promotion (Bielefeld), ist davon überzeugt, dass der eigentliche Grund für Übergewicht mit einem Defizit an Anforderungen, Entwicklungsimpulsen und Erfolgserlebnissen zusammenhängt. Er sieht durch Bewegung die Möglichkeit, Kinder und Jugendliche darin zu unterstützen,

[19] http://www.aerztezeitung.de/docs/2005/01/28/015a1102.asp?cat=/medizin/adipositas
[20] http://www.aerztezeitung.de/docs/2004/09/22/170a0602.asp?cat=/medizin/adipositas
[21] http://www.aerztezeitung.de/docs/2004/12/09/225a1406.asp?cat=/medizin/adipositas
[22] http://www.aerztezeitung.de/docs/2004/09/23/171a1001.asp?cat=/medizin/adipositas

sich ihre Umwelt aktiv zu erschließen und körperliche und geistige Passivität zu überwinden

➢ Für Gesundheitsministerin Ulla Schmidt steht fest: „Ein gesundes Körpergefühl hilft Kindern, ihr Leserpotential auszuschöpfen“, denn Bewegung fördert das Selbstwertgefühl und dies wirke sich nachgewiesenermaßen auf schulische Leistungen aus[23]

- Vermehrte Kreislaufschwächen

➢ In einer im Jahr 2000 durchgeführten sportpädagogischen Beurteilung zeigte sich, dass 50-65% der Kinder und Jugendlichen in Deutschland Haltungsschäden, 30-40% Koordinationsschwächen, 20-25% Herz-Kreislauf- und Kreislaufregulationsschwächen aufwiesen[24]

➢ Herz und Kreislauf profitieren am deutlichsten von sportlicher Betätigung. Bewegung verbessert die Körperfunktionen insgesamt – wirkt also ganzheitlich. Bewegung kann gut dosiert werden, hat keine Nebenwirkungen und kostet nichts. Durch Bewegung werden die Organe leistungsfähiger, die körperliche Belastbarkeit wird erhöht und der Blutdruck ausgeglichen

- Zunahme von Haltungs- und Bewegungsschwächen

➢ Bei Schülern ist eine zunehmende Verkümmerung der Muskulatur und Schwächung des Bindegewebes festzustellen, so dass dadurch die Stabilisierung der Wirbelsäule nicht mehr gewährleistet ist und Überlastungsschäden in den Gelenken entstehen können

➢ Schüler, die viel sitzen und sich wenig bewegen, erschlaffen in ihrer Muskulatur und neigen zu Haltungsschwächen, da sich ihre Knochen, Sehnen und Gelenke unter diesen Voraussetzungen nur unzureichend entwickeln können. Dauerhafte Schädigung ist die Folge

- Zunahme von Rückenbeschwerden

➢ Rückenschmerzen sind laut Gesundheitsreport der Krankenkassen die Volkskrankheit Nr. 1. Bereits jeder zweite der 18- bis 24-Jährigen berichtet von Rückenschmerzen in den letzten zwölf Monaten. Die Angaben erhöhen sich mit steigendem Alter[25]

---

[23] http://www.aerztezeitung.de/docs/2004/09/22/170a0602.asp?cat=/medizin/adipositas

[24] Mann-Luoma,R. et al. (2002): Integrierte Ansätze zur Ernährung – Bewegung – Stressbewältigung: Gesundheitsförderung von Kindern und Jugendlichen. Bundesgesundheitsblatt 12/2002, S. 952-959

[25] http://www.mdr.de/artour/archiv/203864.html

- ➢ Dauerhaftes Sitzen in der Schule ist für den Rücken ungesund. Die Belastung der Bandscheiben der Lendenwirbelsäule ist im Sitzen um 40% höher als im Stehen. Zudem verfügen die Bandscheiben nicht über Blutbahnen, so dass sie über Diffusion mit Nährstoffen versorgt werden müssen. Um eine ausreichende Versorgung auch in der sitzenden Position zu gewährleisten, ist daher zumindest dynamisches, bewegliches Sitzen nötig (Sitzposition verändern). Am besten ist es aber, zwischendurch aufzustehen und sich zu bewegen.
  Bewegung stärkt die Knochen. Die Knochendichte, die etwa in der Mitte des dritten Lebensjahrzehnts ihre größte Dichte erreicht, hängt von der aktuellen und vorangegangenen Ernährung und Bewegung des Menschen ab. Stauchende und biegende Bewegungen, die das Kind in Hüpfen und Springen erfährt, beugen späterer Osteoporose vor[26]
- ➢ Mehr Bewegung führt zu einer besseren Haltung. Schüler, die durch wenig Bewegung und viel Sitzen die Muskeln der Wirbelsäule, die sie zur Aufrichtung bringen, ungenügend beansprucht haben, zeigen Fehlbelastungen, die zu Beschwerden führen können. Das Becken kann sich im Sitzen nicht genügend aufrichten, die Hüftgelenke können sich nicht ausreichend strecken. Selbst wenn Rückenschmerzen im Schulalter noch nicht auftreten, so werden doch schon die Weichen für eine Fehlentwicklung gestellt

- Steigendes Unfallrisiko
  - ➢ Motorischer Übungsmangel wirkt sich negativ auf die koordinativen Fähigkeiten von Schülern aus. Die daraus resultierende Ungeschicklichkeit erhöht die Unfallgefahr des Schülers. Der Deutsche Verkehrssicherheitsrat empfiehlt dringend, Kinder zu mehr Bewegung, Spiel und Sport zu motivieren.[27] Kinder mit Bewegungsmängeln sind nur unvollkommen in der Lage, ihren Körper bei täglichen Bewegungsaktivitäten zu steuern und zu kontrollieren. Beim Stolpern können sie sich schlechter fangen und fallen häufig, ohne sich mit den Händen abstützen zu können
  - ➢ Durch Bewegungsspiele entwickeln Schüler wichtige psychomotorische Fähigkeiten wie Geschicklichkeit, Gleichgewichts- und Orientierungssinn.

[26] http://217.172.163.143/content/artikel/359rs
[27] http://www.dvr.de/dvrseite.aspx?section=4&sub=1&id=567

In verschiedenen Untersuchungen wurde die Verschlechterung psychomotorischer Fertigkeiten von Kindern belegt. Auf die negative Auswirkung von verminderter psychomotorischer Leistungsfähigkeit und Unfallbelastung wurde hingewiesen

- Zunahme von Wahrnehmungsstörungen
  - ➢ Schüler spielen heute vorwiegend mit elektronischen Medien. Dabei trainieren sie Augen und Ohren. Teilweise werden diese Fernsinne dabei überfordert.
    Ohne es zu wissen haben frühere Generationen Spiele erfunden, die sie für ihre gesunde Entwicklung brauchten. Solche Spiele trainierten die körperliche Geschicklichkeit und damit auch die Lernfähigkeit, da Geschicklichkeit des Körpers und das Denkvermögen miteinander korrespondieren. Mit einer gestörten Körpermotorik geht oft eine unzureichende Wahrnehmungsfähigkeit einher, und die wiederum erschwert das kognitive Lernen
  - ➢ Untersuchungen zufolge besitzen 16% der Schüler zwischen sechs und dreizehn Jahren ein Handy, die Quote bei den 13-Jährigen liegt bereits bei 44%. Mediziner erinnern daran, dass sich das kindliche Gehirn noch in der Entwicklung befindet und somit keiner unnötigen Strahlung ausgesetzt werden sollte. Durch den Handy-Sender am Kopf werden thermische Strahlungseffekte erzeugt, die nach einem langen Telefonat zu einer maximalen Temperaturerhöhung von einem Zehntel Grad führen können. Da die Auswirkungen der Strahlenbelastung auf die Gesundheit noch nicht erforscht sind, sollten Schüler aus Gründen der Vorsorge möglichst kurz telefonieren[28]
- Sinken der Konzentrations- und Merkfähigkeit
  - ➢ Beim Projekt CHILT (Children's Health Interventional Trial) der Deutschen Sporthochschule Köln zeigte sich ein signifikanter Zusammenhang zwischen Gesamtkörperkoordination und der Leistung bei Konzentrationstests[29]
  - ➢ „Eine Vielfalt von Bewegungsreizen und Abwechslung der Wahrnehmungsreize verbessert die Konzentration, Erlebnisfähigkeit und das Bewegungsverhalten“[30]
  - ➢ Pausen sind echte Konzentrationsförderer

[28] WNZ 18.7.2004, S. 4
[29] www.dshs-koeln.de/pressestelle/Meldungen/2002/pm31.htm
[30] Köckenberger, H. (1999): Kinder müssen sich bewegen, S. 96

- Steigende Anzahl von Sprachauffälligkeiten
  - ➢ Bewegung fördert eine Reihe kognitiver Kompetenzen, was sich bedeutsam auf die sprachliche Entwicklung des Kindes auswirken kann[31]
  - ➢ Motorik und Sprache sind entwicklungspsychologisch und entwicklungsphysiologisch untrennbar miteinander verbunden, Sprache erfährt durch motorische Elemente Unterstützung
- Vermehrte Anzahl von Schülern mit Lese-Rechtschreibschwäche (LRS), Rechenschwäche (Dyskalkulie), Aufmerksamkeitsdefizit mit und ohne Hyperaktivität (ADS/ADHS), autistischen Zügen
  - ➢ Kinder erkrabbeln, ertasten, begreifen, erschließen sich motorisch handelnd ihre Welt. Die Entwicklung von Denk- und Wahrnehmungsleistungen ist eng an die Motorik gebunden. Es ist inzwischen unstrittig, dass Bewegung als Grundprinzip des Lernens und Lebens betrachtet werden kann
  - ➢ Lernen und Leisten in der Schule stehen in einem engen Zusammenhang mit der Gesundheit und der Persönlichkeitsentwicklung des einzelnen Schülers. Bewegung spielt im Prozess der Gesundheitsförderung eine entscheidende Rolle, da sie Voraussetzung für eine positive körperliche, geistige und seelische Entwicklung ist
  - ➢ Bewegung und Sport stärken die gesamte Persönlichkeit. Prof. W. Hollmann verweist auf „ungeahnt enge Verzahnungen" zwischen muskulärer Tätigkeit und Gehirn und Geist. Vor allem für jüngere Kinder gilt: Wer sich nicht ausreichend bewegt, verpasst auch wichtige Entwicklungschancen[32]
  - ➢ LRS, Dyskalkulie, ADS/ADHS und autistische Züge haben alle auch mit Problemen in der Verarbeitung von Wahrnehmungen zu tun
- Steigerung der emotional-sozialen Probleme
  - ➢ Bewegung, Spiel und Sport können einen wichtigen Beitrag zum Selbstvertrauen von Kindern und Jugendlichen leisten. Schüler können sich erproben und ihre Kräfte entwickeln, Wagnisse eingehen, interessante Bewegungs- und Körpererfahrungen machen und soziale Kompetenz erwerben

[31] Hessisches Sozialministerium, Hessisches Kultusministerium (2005): Entwurf Bildungs- und Erziehungsplan für Kinder von 0 bis 10 Jahren in Hessen, S.53ff.

[32] http://www.lehrer-online.de/dyn/9.asp?url=239171.htm

- Reduzierung sozialer Kontakte
  - ➢ Soziale Kontaktfähigkeit und die darauf aufbauende Fähigkeit zur Kooperation sind von großer Bedeutung für die menschliche Persönlichkeitsentwicklung.
    Beim Spielen und Bewegen mit anderen Schülern werden wichtige soziale Grundfähigkeiten erworben. Auch die Sprache wird beim Miteinander trainiert. Neben den senso-motorischen werden somit auch soziale, emotionale und kognitive Kompetenzen erworben.
- Zunahme der Entwicklung von Gewaltbereitschaft
  - ➢ Kinder und Jugendliche lernen durch Bewegung das Zusammenspielen mit anderen, das Gewinnen und das Verlieren. Bewegung unterstützt den Abbau von Aggression und wirkt gewaltpräventiv

Zusammenfassung

Bewegung ist ein Grundbedürfnis des Menschen und leistet einen wichtigen Beitrag zur Gesundheit.
Sie ist ein wichtiger Entwicklungsreiz für die Reifung sämtlicher Elemente des Organismus, wie z.B. Knochen, Muskeln, Nervenzellen, das Herz-Kreislaufsystem, den Stoffwechsel, das Immunsystem und andere Organsysteme.

Bewegung scheint nicht nur das Unfallrisiko zu beeinflussen, sondern leistet auch durch die Steigerung des Selbstwertgefühls einen wichtigen Beitrag zur Gewaltprävention.
Sie ermöglicht eine dem individuellen Bedürfnis gerecht werdende Rhythmisierung des Schultags und unterstützt die kognitive Entwicklung und dadurch auch die Lern- und Leistungsmöglichkeiten in der Schule.

Lernen mit und in Bewegung verbessert nicht nur das individuelle Wohlbefinden des Einzelnen, sondern auch die Lernatmosphäre in der Klasse. Sie ist eine der Voraussetzungen für Aufmerksamkeits- und Konzentrationsfähigkeit, steigert die Lernmotivation und verbessert das Sozialverhalten.

Dass sich Bewegung auf den kognitiven Leistungsbereich auswirkt, konnte von Shephard (1988) in einer Untersuchung von über 500 Schülern aus kanadischen Schulklassen gezeigt werden. Nach einem erweiterten Angebot an körperlichen Aktivitäten in der Schule im Umfang von einer Stunde pro Woche von der ersten bis zur sechsten Klasse verbesserten sich nicht nur die motorischen Leistungen im Vergleich zur Kontrollgruppe, sondern auch die Leistungen in den Fächern Mathematik und Französisch, obwohl die Schüler in diesen Fächern weniger Unterricht als die Kontrollgruppe hatten.[33]

1.2.1 Frühkindliche Reflexe

Grob– und feinmotorische Fähigkeiten, unreife Bewegungsmuster und unzureichende Wahrnehmungsentwicklung stehen in engem Zusammenhang mit der motorischen Entwicklung des Menschen. Die motorische Entwicklung beginnt bereits im Mutterleib, ihre Grundlage ist die frühkindliche Reflexmotorik. Frühkindliche Reflexe sind Bewegungen, die unbewusst durch einen Reiz auf Hirnstammebene ausgelöst werden. Nach der Geburt bewegt sich das Kind zunächst ebenfalls mit ihrer Hilfe, denn sie stellen ihm erste Bewegungsmuster, z.B. für die Auseinandersetzung mit der Schwerkraft, zur Verfügung.

In der weiteren Entwicklung des Kindes wird die ausschließliche „Antwortmotorik" der frühkindlichen Reflexe zunehmend durch die willkürlich gesteuerte Motorik ersetzt, eingegliedert und bei ausreichender Übung automatisiert. Das Kind lernt, sein Gleichgewicht zu halten und seine Körperbewegungen zu koordinieren. Dabei wird es immer geschickter und die motorischen Muster werden immer differenzierter.

Die „Schule der Motorik" beinhaltet bestimmte Meilensteine. Ein Meilenstein ist z.B. die Krabbelphase des Kindes, von der bekannt ist, dass sie in wichtigem Zusammenhang mit der Entwicklung des Sehens, der räumlichen Orientierung und späteren Schulleistungen steht.

Motorische Entwicklung ist immer eng verbunden mit der Wahrnehmungsentwicklung. Während der ersten Lebensmonate wird z.B. durch bestimmte Bewegungsautomatismen die erste Auge-Hand-Koordination ausgelöst, der Wechsel von Nah- und Fernsicht erübt. Sprache und

[33] Shephard, R. J. (1988): Required physical activity and child development. Austral. J. Sci. Med.: in Sport, 20, 1988, S. 3-9

Sprechen, Greifen und die Grundlagen der Graphomotorik, die emotionale, die soziale und die kognitive Entwicklung des Kindes sind untrennbar mit den motorischen Meilensteinen verbunden. Während des ersten Lebensjahres ist die Überlagerung der Steuerungsmuster der frühkindlichen Reflexe besonders wichtig. Gelingt diese nur unvollständig, werden bestimmte willkürliche Bewegungen später unreif, häufig mit zu viel oder zu wenig Kraft ausgeführt. Der Stift wird zu fest gehalten, Linien können nicht eingehalten werden oder das Arbeiten am Tisch gelingt nicht, weil eine unreife Restreaktion der frühkindlichen Reflexe verhindert, dass der Schüler auf dem Stuhl sitzend konzentriert arbeiten kann.

Frühkindliche Reflexe:

- entwickeln sich bereits pränatal
- sind angeborene stereotype Reaktionen auf spezifische Reize
- werden auf der Hirnstammebene ausgelöst
- sind in ihrer Entwicklung eng an die der Wahrnehmungsentwicklung gekoppelt
- unterstützen den normalen Geburtsvorgang
- ermöglichen dem Neugeborenen zu überleben
- haben jeweils eine bestimmte Aufgabe und bilden die Grundlage für spätere bewusst gesteuerte Fertigkeiten
- werden nach Erfüllung ihrer Aufgabe in den ersten Lebensmonaten integriert, d. h. höhere Zentren des Gehirns kontrollieren sie
- deuten bei Vorhandensein über den 6.-12. Lebensmonat hinaus auf eine Unreife hin und erschweren die optimale Entwicklung der nachfolgenden Halte- und Stellreaktionen sowie gezielt gesteuerter Motorik[34]

Beispielhaft werden zwei der frühkindlichen Reflexe, die deutlich im Zusammenhang mit Schul- und Verhaltensschwierigkeiten stehen, der ATNR (Asymmetrisch Tonischer Nackenreflex) und der STNR (Symmetrisch Tonischer Nackenreflex), vorgestellt.

[34] Beigel, D. (2003): Flügel und Wurzeln, S. 83ff

1.2.2 Asymmetrisch Tonischer Nackenreflex (ATNR)

Bei seitlicher Kopfdrehung strecken sich Arm und Bein der Gesichtsseite. Gleichzeitig kommt es bei Arm und Bein der Hinterhauptsseite zu einer Beugung

Der ATNR:

- wird zwischen der 16.-18. Schwangerschaftswoche im Mutterleib aktiv
- wird durch Kopfdrehung des Kindes ausgelöst (reflexhaftes Strecken von Arm und Bein auf der Gesichtsseite, Beugung der Glieder auf der Hinterhauptseite)
- verhilft vorgeburtlich zum Aufbau des Muskeltonus
- unterstützt den aktiven Geburtsvorgang
- ermöglicht nachgeburtlich die erste Auge-Hand-Koordination
- wird um den 4. – 6. Monat durch das beginnende alternierende Kriechen auf dem Bauch allmählich integriert
- unterstützt durch seine fortschreitende Integration den Aufbau eines angemessenen Tonus, die Haltung, die unabhängige Augen- und Armbewegung und die bilaterale Integration (Zusammenarbeit der beiden Körperseiten)

Restreaktionen des ATNR, die nach dem 1. Lebensjahr auftreten, werden als Unreifen angesehen, die sich in mangelnder Entwicklung der

Lateralität (wechselnde Bevorzugung einer Hand, eines Beins, eines Auges, eines Ohres) zeigen können. Das Verwechseln von rechts und links, das spiegelbildliche Schreiben und Lesen (b – d; p – q), das Nichtausbilden des Richtungssinns, können davon betroffen sein.

Unausgebildete Seitigkeit kann zu wechselseitigem Führen der Augen (nicht festgelegtes Führungsauge) und damit zu beeinträchtigter oder verwirrender visueller Wahrnehmung führen.

Fehlende Festlegung der Ohrigkeit (Wechsel des bevorzugten Ohres beim Hören) kann zu Problemen bei der Lautverarbeitung, zu auditiven Reihenfolgeproblemen, Verwechseln und Auslassen von Buchstaben, Zahlen und Rechenzeichen führen.
Durch die beschriebenen veränderten Wahrnehmungseindrücke, die besonders unter Stress (lange Arbeitszeit, Benotung) entstehen, kommt es bei vielen Schülern zu Problemen beim Lesen, Schreiben und Rechtschreiben. Die häufig diagnostizierte Lese-Rechtschreibschwäche, (LRS), die als Ergebnis von Teilleistungsschwächen der Wahrnehmung, Motorik oder mangelnder sensorischen Integration gilt, kann auftreten.

Eine englische Studie[35] bestätigt den engen Zusammenhang zwischen einer Unreife des ATNR und Lese- Rechtschreibschwierigkeiten.
Es ist daher wichtig, motorischer Unreife über gezielte Bewegung zu begegnen, um Grundlagen schulischer Anforderungen zu unterstützen.
Schule hat die tägliche Gelegenheit, dies im Sinne einer bewussten Förderung zu tun (zur Unterstützung einer unreifen Integration des ATNR bieten sich z.B. alle Überkreuzbewegungen an).
In schulischen Situationen sind Unreifen in Form von Restreaktionen des ATNR auch in anstrengender Sitz- und Schreibhaltung des Schülers zu sehen.
Oft liegt der Schüler beim Schreiben auf dem Tisch. Unterbrechungen durch Bewegungsangebote verhindern eine chronische Überforderung des Körpers und treten Sekundärerscheinungen wie Konzentrationsstörungen, Schulangst, psychosomatischen Symptomen, Motivationsverlust, Aggressionsbereitschaft und emotionalem Rückzug entgegen.

[35] The Lancet (2000), Volumne 335, Number 9203, 12. February 2000

Hinweise auf Unreifen in Bezug zum ATNR können z.B. sein (es treten in der Regel mehrere der Anzeichen zugleich auf):

- Schreiben in Spiegelschrift
- Langsames Schreiben
- Krakelige oder sehr enge, kleine Schrift
- Wechselnde Lateralität (z.B. unentschlossene Händigkeit)
- Schwierigkeiten Linien einzuhalten
- Drehen des Blattes beim Schreiben
- Lese-Rechtschreib-Schwierigkeit
- Unsicherheit in der Rechts-Links-Unterscheidung
- Homolaterale (gleichseitige) Bewegungsmuster
- Mangelnde Augenfolgebewegung
- Auffälligkeiten in der akustischen und/oder visuellen Wahrnehmung
- Liegende Sitzhaltung[36]

Der Schüler dreht sein Arbeitsbuch um 90 Grad, um das Überkreuzen der Mittellinie zu vermeiden

Schüler mit ATNR-Restreaktionen können unterstützt werden, indem ihre Sitzposition bedacht (genügend Platz am Tisch und ein Sitzen frontal zur Tafel), auf die deutliche Linierung auf dem Arbeitsblatt und auf das Benutzen des „Lesefingers" oder der Leseschablone geachtet wird. [37]

[36] Beigel, D. (2003): Flügel und Wurzeln, S. 121ff
[37] Beigel, D. (2003): Flügel und Wurzeln, S. 129

Bewegungssequenzen, bei denen die Körpermittellinie überkreuzt wird, sind fördernd:

- Fingerspiele
- Klatschspiele
- Fadenspiele
- Brain-Gym"-Übungen
- Spiele zur Unterstützung der Auge-Hand-Koordination
- Mal- und Schreibspiele in Partnerarbeit
- Überkreuzbewegungen beim Spielen, Tanzen, Musizieren, sportlichen Betätigen ...

An der menschlichen Schreib- und Sprechmotorik ist eine Vielzahl von verschiedenen Muskeln beteiligt, deren einzelne Aktionen genau koordiniert werden müssen. Die Schreibmotorik ist sowohl eng mit der Entwicklung des ATNR als auch mit der Greifmotorik (Palmar Reflex = Handgreifreflex)[38] verbunden. Eine Unreife der Hand- und Fingermotorik steht in engem Zusammenhang mit dem Sprechen und der Mundmotorik des Schülers (Saug-Suchreflex[39]). Es ist bekannt, dass manuelle Ungeschicklichkeit und Sprachschwierigkeiten häufig korrelieren. Schüler mit Sprachschwierigkeiten können somit nicht nur durch mundmotorische Übungen, sondern auch durch feinmotorische Bewegungsangebote unterstützt werden. Graphomotorische Geschicklichkeit kann durch Finger-, Hand-, Ganzkörper- und Mundmotorik gefördert werden.

Unreife Schreibhaltung

Mögliche Unterstützung durch verschiedene Schreibhilfen[40]

[38] Goddard, S. (1998): Greifen und begreifen
[39] Beigel, D. (2003): Flügel und Wurzeln, S. 94
[40] Fa. Guckloch e.K., siehe Anhang

1.2.3 Symmetrisch Tonischer Nackenreflex

Bei Kopfbeugung nach vorn beugen sich die Arme, die Beine gehen in die Streckung

Bei Kopfbeugung nach hinten strecken sich die Arme, die Beine gehen in die Beugung

- entwickelt sich aus dem Tonischen Labyrinthreflex (TLR), der vorgeburtlich schon um die 9. Schwangerschaftswoche im Mutterleib zu sehen ist
- ist besonders zwischen dem 6. und 11. Monat nach der Geburt aktiv
- wird durch eine Kopfbewegung (nach vorn oder nach hinten) ausgelöst und bewirkt, dass die obere Körperhälfte eine Gegenbewegung zur unteren Körperhälfte ausführt (obere Körperhälfte streckt sich, untere Körperhälfte beugt sich und umgekehrt)
- steht in engem Zusammenhang mit dem Vestibularsystem
- ist eine wichtige Übergangsphase zum Krabbeln
- hilft dem Kind, sich vom Boden zu erheben
- unterstützt das visuelle Training der Akkomodation (das Einstellen der Augen auf verschiedene Entfernungen)[41]

Motorische Unreife, die sich in Restreaktionen des STNR zeigt, steht häufig mit Hyperaktivität, Aufmerksamkeitsstörungen und Konzentrationsstörungen in Verbindung. Der unausgereifte Reflex erschwert nicht nur rhythmisch koordinierte Bewegungen, sondern wirkt sich

[41] Beigel, D. (2003): Flügel und Wurzeln, S. 98

auch störend und hemmend auf die herkömmliche Lese- und Schreibhaltung aus.[42] Da Restreaktionen des STNR bei Kopfveränderung (z.B. Anheben und Senken des Kopfes beim Abschreiben von der Tafel) Streck- oder Beugetendenzen der Muskulatur initiieren, versuchen viele der Kinder zur inneren Ruhe zu gelangen, indem sie ihre Sitzhaltung „festzurren". Sie schieben ihre Füße beim Sitzen unter das Gesäß, schlingen sie um die Stuhlbeine oder ziehen es vor, halb stehend zu schreiben. Dies ermöglicht ihnen, ihren Körper besser unter Kontrolle zu halten. Ein hoher Prozentsatz der Schüler zeigt mündlich bessere Noten als schriftlich. Beim Abschreiben von der Tafel benötigen sie wegen der starken Anforderung besonders viel Zeit und Energie. Das Ergebnis entspricht jedoch meist nicht den Anforderungen. Zusätzlich zur Auswirkung der veränderten Kopfhaltung gestaltet sich der Versuch, einer senkrechten Linie mit den Augen zu folgen, als anstrengend.

Im Sportunterricht fallen ihnen Bewegungen schwer, die eine gute Koordination von Ober- und Unterkörper erfordern, wie z.B. Schwimmen, Rolle vor- und rückwärts. Liegestütze sind auch für ältere Schüler schwer möglich, weil das Durchstrecken der Arme ein Einknicken der Beine veranlassen möchte. Das Fangen von Bällen ist durch mangelnde Auge-Hand-Koordination (bei Bewegungen zum Körper/vom Körper weg) und durch Schwierigkeiten, Entfernung und Zeit einzuschätzen, erschwert.

Hinweise auf Unreifen, die in Bezug zum STNR stehen, können z.B. sein:

- Gleichgewichtsprobleme
- Schlechte Körperhaltung
- Schwacher Muskeltonus
- Versteifter Muskeltonus
- Hyperaktives Verhalten
- Visuelle Wahrnehmungsschwierigkeiten
- Schwache Organisationsfähigkeit
- Schwach ausgebildetes Zeitgefühl
- Räumliche Wahrnehmungsprobleme
- Reihenfolgeprobleme (bei täglichen praktischen Anforderungen, bei komplexeren Arbeitsanweisungen, im Aufsatz, in Mathematik ...)

[42] O'Dell, N.E.; Cook, P.A. (1998): Philipp zappelt jetzt nicht mehr

Der Schüler bevorzugt eine Sitzhaltung bei der er seine Beine „festzurren“ kann. Dies verschafft ihm ein ruhigeres Arbeiten

Zur gehirnfreundlichen Lernunterstützung der Schüler mit STNR-Restreaktionen gehören Möglichkeiten zur Veränderung der Sitzpositionen (knien, hocken, stehen ...), zahlreiche Möglichkeiten zum Aufstehen, die Einteilung der Arbeitsblätter in einzelne Abschnitte[43] und Spiele zur Bewegung und Entspannung:

- Gehen und Bewegen im Raum
- Hüpfen, Drehen, Krabbeln
- Bewegen am Platz
- Brain-Gym®-Übungen
- Spiele zum Überkreuzen der Mittellinie
- Spiele, die das Koordinieren von Kopf und Körper erfordern
- Tänze

[43] Die Einteilung des Arbeitsblattes verhilft dem Schüler zu strukturiertem und übersichtlichem Arbeiten

1.3 Das Gehirn

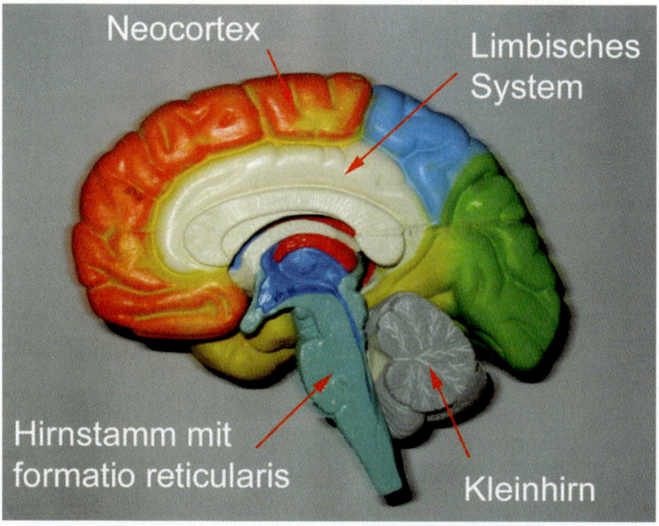

Das Gehirn ist ein Organ, das nur 2% unseres Körpergewichts ausmacht und trotzdem etwa 20% der Energie des Körpers verbraucht.[44] Es besteht aus ungefähr 120 Milliarden Nervenzellen, die mit rund 10.000 anderen Neuronen verbunden sind.

Bei der Geburt sind schon alle Nervenzellen vorhanden, aber vorerst lose miteinander verknüpft. Es besteht noch keine Ordnung, keine Gewichtung oder Hierarchie unter ihnen. Durch Lernen verstärken sich die Verbindungen. Aus dünnen Informationsmöglichkeiten entsteht breiter und vielfacher Informationsaustausch zwischen den Nervenzellen.
Beim Erwachsenen sind die Verbindungsfasern dicker als beim Kind und die Impulse können 30- bis 40-mal schneller übertragen werden.[45]

Der Ablauf der Gehirnentwicklung ist genetisch festgelegt, er ist ein kontinuierlicher Prozess, der ständig mit Verfeinerung, Anpassung und Organisation einhergeht.

[44] Spitzer, M. (2002): Lernen, S. 13
[45] http://www.wdr5.de/sendungen/leonardo/dossiers/dossier_lernen/wie_menschen_lernen/314506.phtml

Das Gehirn lässt sich in drei Abschnitte gliedern:

- Reptiliengehirn
- Limbisches System (Zwischenhirn)
- Neocortex (Großhirnrinde)

1.3.1 Das Reptiliengehirn

Das Reptiliengehirn, der entwicklungsgeschichtlich älteste Teil des menschlichen Gehirns, besteht aus Hirnstamm und Kleinhirn.
Es befinden sich lebenswichtige Steuerungszentren für Atmung, Blutdruck, Herzfrequenz und Verdauungsfunktionen in diesem Gehirnteil.

Die Formatio reticularis, eine netzförmige, wenig gegliederte Nervenmasse, stellt den Hauptkontrollmechanismus des Zentralnervensystems dar. Sie erhält die sensorischen Informationen aus allen Sinnesgebieten mit Ausnahme des Geruchs.
Einlaufende Informationen, besonders taktile, propriozeptive, vestibulare Reize, werden hier miteinander verknüpft und für die Verarbeitung auf höherer Ebene vorbereitet.
Die Hauptfunktion der Formatio reticularis besteht darin, die Großhirnrinde zu wecken.
Ihre Aufgabe ist es, den Wachheitszustand und den Grad der Aufmerksamkeit zu steuern. Durch Aktivierung der Sinnesorgane kann die Formatio reticularis unterstützt werden, mehr Impulse an die Großhirnrinde weiter zu leiten um damit den Aufmerksamkeitsgrad der Person zu erhöhen.
Eine weitere Funktion der Formatio reticularis ist die Hemmung sensorischer Reize. So schützt sie das Gehirn vor Reizüberflutung. Auf diese Weise ist es möglich, unwichtige Sinneseindrücke zeitweise zu unterdrücken, um volle Aufmerksamkeit für bestimmte Sinneseindrücke – z. B. Lesen von Texten auch in Klassenzimmern mit erhöhtem Geräuschpegel – zu ermöglichen.

Die bereits angesprochenen frühkindlichen Reflexe werden auf der Hirnstammebene ausgelöst.
Nach Kautzmann „betätigt der Hirnstamm eine Art Schalter für das Licht, das den Aufmerksamkeitsraum beleuchtet.“[46]

[46] Kautzmann, G. (1999): Das Wunder im Kopf, S.92

1.3.2 Das Limbische System

Das Limbische System (Zwischenhirn), zu dem die ältesten und tiefsten Teile der Großhirnrinde (Cortex) gehören, beherrscht das reptilienhafte Gehirn.
Halte– und Stellreaktion (z.B. Gleichgewichtsreaktionen, Schutz- und Kippreaktionen), die sich etwa bis zum 3. Lebensjahr aufbauend auf den frühkindlichen Reflexen entwickeln und ein Leben lang vorherrschen, werden auf dieser Ebene (und der des Kleinhirns) kontrolliert.

Das Limbische System spielt sowohl bei der Steuerung menschlichen Verhaltens durch Gefühle als auch beim Lernen und bei der Gedächtnisbildung eine bedeutende Rolle.
Im Zwischenhirn entstehen unsere Emotionen, werden Erinnerungen abgelegt und wieder hervorgeholt. Wichtige Steuerungszentralen und Drüsen für unbewusste Körperfunktionen des Körpers befinden sich hier.

„Das Limbische System, das Affekte, Gefühle und Motivation vermittelt, ist der eigentliche Kontrolleur des Lernerfolgs.“[47]

Hippocampus

Das Zwischenhirn ist eng mit einer subkortikalen Region, dem Hippocampus, verbunden, der sich jeweils rechts und links an der Innenseite des Schläfenlappens der Großhirnrinde befindet.
Der Hippocampus ist an Gedächtnisleistungen beteiligt und besonders für das Lernen einzelner neuer Inhalte wichtig. Er scheint für den Prozess des Speicherns von Informationen als eine Art Zwischenspeicher für Gedächtnisinhalte von entscheidender Bedeutung zu sein. Da es sehr unterschiedliche Arten von Lernen gibt, ist die Abhängigkeit verschiedener Lernvorgänge vom Hippocampus nicht einheitlich. Er gilt als eminent wichtig für das Kurzzeitgedächtnis und die Orientierung.

Tausende von Eindrücken nimmt der Mensch pro Minute wahr. Die Sinneseindrücke werden für Sekunden aufbewahrt, danach wird die Information entweder gelöscht oder an das Kurzzeitgedächtnis weitergegeben.
Im Kurzzeitgedächtnis wird die Information verschlüsselt und für etwa eine halbe Minute festgehalten. Maximal sieben Informationen können gleichzeitig aufgenommen werden. Nach einer begrenzten Zeit wird

[47] GEOWISSEN (2003), Nr. 31, Lernen-Wissen-Bildung, S. 41

die Information entweder gelöscht oder in das Langzeitgedächtnis weiter geleitet.
„Wann immer wir etwas Besonderes lernen, ist der Hippocampus beteiligt. Er wird daher zuweilen auch als Neuigkeitsdetektor bezeichnet ...“[48]
Es wird angenommen, dass der linke Hippocampus für die symbolische Verarbeitung und das auditive Kurzzeitgedächtnis zuständig ist und der rechte überwiegend für die visuell-räumliche Verarbeitung und das visuelle Kurzzeitgedächtnis.

Damit der rechte und der linke Hippocampus optimal miteinander arbeiten können, sind sie durch Integrationsbahnen, sogenannte Kommissurfaser, verbunden. Kommissurfasern verlaufen im Gehirn zur Verbindung der beiden Hemisphären von rechts nach links und umgekehrt. Bricht die Kommunikation zwischen dem linken und rechten Hippocampus zusammen, so kann es z.B. passieren, dass man ein Gesicht sieht (visuell-räumliche Information), aber den Namen (auditive Funktion) dazu im Moment nicht abrufen kann.

Amygdala

An den Hippocampus schließt sich die kleine Amygdala an. Sie ist für die tiefsten Emotionen des Menschen zuständig. Sie spielt eine entscheidende Rolle beim Speichern emotionaler Erinnerungen und bei der Wahrnehmung von Emotionen anderer Menschen.
Ist die Amygdala geschädigt, kann der Gesichtsausdruck von Mitmenschen nicht mehr gedeutet werden.

Der Amygdala ist zu verdanken, dass der Mensch sich an alles, was mit positiven oder mit negativen Gefühlen verbunden ist, länger und genauer erinnert. Je positiver das Gefühl bei einem Ereignis ist, umso nachhaltiger wird sich das Erlebte einprägen und in das Langzeitgedächtnis übertragen werden. Wenn Lernen Freude bereitet, schüttet das Gehirn Endorphine (körpereigene Opiate, die für Wohlgefühl sorgen) aus. Freude und Interesse beim schulischen Lernen unterstützen das Gedächtnis und die Erinnerung des Schülers maßgeblich – und lassen Schule zu einem „Ort des Lernens und Lebens“ werden.

Erinnerungen an negative Erlebnisse sind ebenfalls stark mit Gefühlen verbunden, dadurch reagiert der Mensch häufig in gleicher Weise auf ein ähnliches Erlebnis.

[48] Spitzer, M. (2002): Lernen, S. 34

Ein Kind, das erfahren hat, wie es durch stockendes Aufsagen eines Gedichts beschämt wurde, wird später auf ähnliche Situation eher mit Vermeidung oder körperlichen Symptomen der Angst (Schweißausbruch, Knie zittern) reagieren.
Dies ist auch der Grund, warum man z.B. Turner auffordert, nach einem Sturz sofort wieder ans Gerät zu gehen.

Was und wie im Gehirn gespeichert wird, hängt von unseren Gefühlen ab und von der Art, wie Informationen dargeboten werden.
Lernen, mit Bildern, Tönen, Gerüchen, Ereignissen und eigenem Handeln und Bewegen unterstützt die Speicherung. Je vielschichtiger eine Information vermittelt wird, desto besser haftet sie im Langzeitgedächtnis, d.h. es lernt sich leichter, wenn mehrere Sinnesorgane beteiligt sind.

Das Fördern intellektueller Fähigkeiten hängt auch maßgeblich vom emotionalen Kontakt zur Beziehungsperson ab, da kognitive Vorgänge bei Kindern nicht von Gefühlen zu trennen sind. Emotional gefärbte Informationen finden zudem leichter den Weg ins Langzeitgedächtnis und bleiben abrufbereiter.
Ganz wichtig erscheint in diesem Zusammenhang, das gefühlsmäßig angenehme Lernumfeld zu erwähnen. Es fördert Neugier und Motivation der Schüler.

Werden Inhalte wiederholend erfahren, wird der Transfer ins Langzeitgedächtnis gefördert. Hausaufgaben sind zur Wiederholung des Lernstoffes also durchaus sinnvoll.
Eine ins Langzeitgedächtnis gelangte Information wird auf Dauer festgehalten und kann lebenslang der bewussten Erinnerung zugänglich bleiben. Diese Speicherung gilt als das eigentliche Gedächtnis.
Informationen, die aus dem Langzeitgedächtnis abgerufen werden, können als wirklich Gelerntes betrachtet werden.

Die Aufnahmefähigkeit des Langzeitgedächtnisses ist fast unbegrenzt. Verankerte Informationen, die über längere Zeiträume nicht benötigt werden, können ins Unterbewusstsein absinken.[49]

Forschungsergebnisse moderner Neurowissenschaften decken sich mit Erkenntnissen der Reformpädagogik:
„Alles, was beim Lernen Freude macht, unterstützt das Gedächtnis“ (J.A. Comenius).[50]

---

[49] Krebs, Ch. T.; Brown J. (1998) Lernsprünge, S. 107ff.
[50] J.A. Comenius ist einer der Begründer der Didaktik, 17.Jahrhundert

Ergänzend sei auf verschiedene Forschungsergebnisse hingewiesen, die in der dauerhaft erhöhten Konzentration von Stresshormonen eine Gefahr für das Gehirn erkannten.

Der verlorenste aller Tage ist der, an dem man nicht gelacht hat.

(Nicolas Champfort)

1.3.3 Der Cortex

Der Cortex, die Großhirnrinde, die aus zwei Hälften (Hemisphären) besteht, gilt als jüngster Teil des Gehirns beim Menschen und zeigt enorme Ausprägungen. In jedem einzelnen Kubikmillimeter des Cortex befinden sich etwa 40.000 Neuronen, die untereinander mit fünf Kilometern Nervenleitern verbunden sind.[51]

Damit die Großhirnrinde überhaupt in unseren Schädel passt, ist sie in vielen Windungen zusammengefaltet.
Die Großhirnrinde gilt als der Sitz des Bewusstseins und als Langzeitspeicher. Zusammen mit dem Hippocampus und der Amygdala spielt sie daher eine entscheidende Rolle für Lernen und Gedächtnis.

Der oberste Teil des Gehirns, den kein anderes Lebewesen als der Mensch hat, kontrolliert bewusst gesteuerte Bewegungen, ermöglicht Lernen, Denken und Sprechen.
In der Hirnrinde können in einer Sekunde bis zu 1000 verschiedene Signale ankommen.[52]
Funktionen, die überwiegend vom Cortex gesteuert werden, können sich allerdings nur adäquat entwickeln, wenn alle subkortikalen Gehirnstrukturen (Zwischenhirn, Reptiliengehirn) optimal funktionieren.

Während der Mensch sich bewegt, etwas wahrnimmt, denkt, sich erinnert, körperlich oder geistig aktiv ist, werden ständig neue Dendriten und Synapsen (Schaltstellen im Gehirn) gebildet. Dadurch bilden sich vermehrt zusammenhängende neurale Netzwerke. Mit zunehmendem Alter werden diese Netze immer weiter verfeinert und ausgebaut.
Tägliche Bewegungs- und Wahrnehmungserfahrung in der Schule fördert das Schließen von Synapsen und das Myelinisieren und Ausbauen von Nervenbahnen im Gehirn.

[51] Ornstein, R: Thompson, R.F. (1993): Unser Gehirn – das lebendige Labyrinth, S. 38
[52] Kautzmann, G. (1999): Das Wunder im Kopf, S. 92

Durch die Verknüpfung von verschiedenen Wahrnehmungskanälen kommt es zu einer Sicherung von vielfältigen Informationen, die als Wissensnetz für Lernen zur Verfügung stehen.

Die beiden Hemisphären des Cortex werden durch Nervenbahnen im Corpus Callosum (Balken) verbunden. Eine Hirnhälfte steuert jeweils die gegenüberliegende Körperseite. Die beiden Hemisphären des Cortex entsprechen sich spiegelbildlich, übernehmen aber spezifische Aufgaben.

Insgesamt arbeitet die linke Hemisphäre vorwiegend verbal, logisch, analytisch, rational.
Die rechte Hemisphäre besitzt die Eigenschaft, mentale Assoziationen durchzuführen und ist für ganzheitliches Denken, Gefühle, Intuition und räumliche Relationen zuständig.
Das Corpus Callosum integriert die unterschiedlichen Funktionen beider Gehirnhälften, es erlaubt und unterstützt den Austausch und die Zusammenarbeit der rechten und linken Hemisphäre.

Je öfter und intensiver beide Hirnhälften aktiviert werden, umso mehr neurale Verbindungen werden gebildet. Bei optimaler Ausbildung des Corpus Callosum laufen pro Sekunde vier Milliarden Botschaften über die etwa 200 Millionen Nervenfasern.[53] Die meisten Funktionen erfordern die Zusammenarbeit beider Gehirnhälften über das Corpus Callosum.
In der kindlichen Entwicklung wird die Zusammenarbeit der beiden Hirnhälften in der Kriechphase angeregt und ganz intensiv durch die Krabbelphase des Kindes unterstützt. Während des Kriechens und Krabbelns benutzt es fast gleichzeitig das linke Bein/den rechten Arm, das rechte Bein/den linken Arm, um sich vorwärts zu bewegen.

---

[53] Hannaford, C. (1996): Bewegung ist das Tor zum Lernen, S. 94

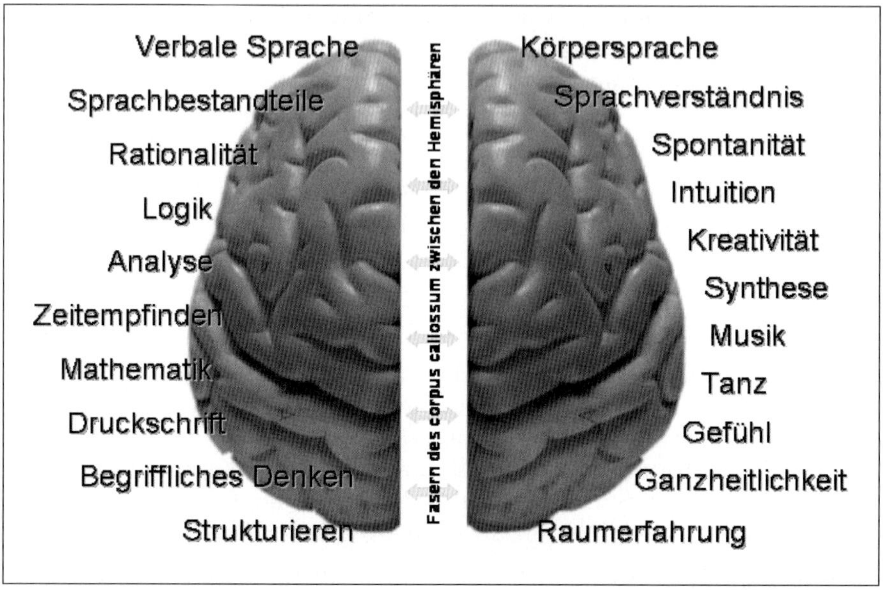

Die Verarbeitungsweisen der rechten und der linken Hemisphäre

1.4 Lernen und Leisten

„Wenn man irgendeine Aktivität nennen sollte, für die der Mensch optimiert ist (...), dann ist es beim Mensch das Lernen (...). Dass wir Menschen wirklich zum Lernen geboren sind, beweisen alle Babys. Sie können es am besten, sie sind dafür gemacht, und wir hatten noch keine Chance, es ihnen abzugewöhnen.“[54]

Handeln und wirken kann der Mensch nur durch seinen Körper. Den eigenen Körper wahr zu nehmen, ihn kennen zu lernen, ihn anzunehmen und ihn angemessen einzusetzen, ist eine wichtige Grundvoraussetzung für alles Lernen – auch für das schulische Lernen.
Die Erfahrung des Körpers steht in engem Zusammenhang mit der Beziehung des Menschen zur Außenwelt und zur eigenen Innenwelt. Jedes Gefühl des Menschen drückt sich in seiner Körperhaltung und seiner Körperbefindlichkeit aus.

[54] Spitzer, M. (2002): Lernen

In der Motopädagogik wird die Erfahrung des Körpers als die Erfahrung des Ich benannt.[55]
Der Mensch lernt immer und überall.
Lernen ist ein aktiver und assoziativer Vorgang, der von verschiedenen Faktoren bestimmt wird:

- den Genen, die dem Individuum mitgegeben werden
- der Umwelt, in der er aufwächst
- der Gesundheit, besonders auch der optimalen Aufnahmemöglichkeit durch die Sinne

Lernen bedeutet, Wissen oder Fähigkeiten neu zu erwerben oder zu verändern.

1.4.1 Prozedurales und deklaratives Lernen

Unter neurobiologischen Gesichtspunkten lassen sich Gedächtnisleistungen grob in deklarative und prozedurale unterscheiden.

Prozedurales Lernen, auch Handlungslernen genannt, beginnt schon vorgeburtlich im Dialog zwischen Mutter und Kind und beruht vorwiegend auf Sinneseindrücken und Gefühlen. Der unbewusste Erwerb von Fähigkeiten durchzieht das menschliche Leben und ist immer dann aktiv, wenn der Mensch handlungsorientiert etwas kann. So werden bestimmte Tätigkeiten wie das Bauen mit Bauklötzen, das Erlernen der Sprache einfach gekonnt, ohne dabei Gedächtnisleistungen verbalisieren zu müssen. Prozedurales Lernen geht wahrscheinlich nicht den Weg des Lernens über den Hippocampus, sondern über das Verstärken synaptischer Verbindungen im Gehirn. Wiederholungen und Übung führen dazu, dass diese Fertigkeiten leichter werden. Traumschlafphasen oder REM Schlaf (Rapid Eye Movement) scheinen das prozedurale Lernen zu begünstigen.[56] Das prozedurale Wissen ist ein praktisch brauchbares Wissen. Es ist in Lern- und Anwendungsprozesse zu unterteilen. Dabei legen die Lernprozesse die Grundlagen für die routinierte Anwendung des Gelernten. Sie können durch gezielte Lernstrategien begünstigt werden. Erfahrungen zeigen, dass sich auch ein anregendes Vorbild oder das Vorleben von erstrebenswerten Verhaltensweisen als sehr effektiv erweisen.

Das deklarative Lernen ist das bewusste Lernen von Fakten („Wie heißt die Hauptstadt von Italien?“). Es steht mit prozeduralen Lern-

[55] Irmischer, T. (1998): Lehrbrief „Grundzüge der Motopädagogik“, S. 15
[56] http://idw-online.de/pages/de/news69421

erfahrungen in Verbindung und ist in engem Zusammenhang mit Sprache, Begriffen und Bildern zu sehen. Es ist das Speichern von Orten, Zahlen, Sachwissen. Deklaratives Wissen kann aus der Erinnerung abgerufen und wiedergegeben werden. Der Hippocampus spielt bei diesem Lernen von Fakten und Informationen eine Schlüsselrolle. Die Tiefschlafphase scheint das Verfestigen von deklarativen Inhalten im Gedächtnis zu unterstützen. Beim Lernen sucht sich das Gehirn Inhalte, die ihm bedeutsam erscheinen und die es aus seinem Vorwissen in Beziehungen zu anderen Inhalten setzen kann. Je größer das Vorwissen des Einzelnen ist, umso besser können neue Inhalte angeschlossen werden und umso schneller kann Neues gelernt werden.

Lernen vollzieht sich am besten und effektivsten in einer angenehmen und entspannten Atmosphäre. Fakten lassen sich zwar auch ins Gehirn „prügeln“, wirkungsvoll und nachhaltig wird aber nur gelernt, wenn der aktive Vorgang des Verknüpfens von Fakten und ihre Anwendung auf Situationen bedacht werden.

Angstbesetztes Lernen fördert ein bestimmtes Lernmuster: Der „gefährlichen“ Prüfungssituation (Klassenarbeit) folgt unreflektiertes routiniertes Handeln (Flucht/Kampf). Ruhige Überlegungen, Abwägungen, Nachdenken und Finden von kreativen Lösungsstrategien sind nicht möglich.
In den ersten Lebensjahren, bis etwa ins Grundschulalter hinein, lernen Kinder aus eigener Motivation und Lust heraus. Man spricht zu dieser Zeit von intrinsischer Motivation beim Lernen.

Das Kind ist lernmotiviert durch die Freude am Entdecken des eigenen Körpers, der Umwelt und den Zusammenhängen von Gegebenheiten. Motivation hängt sicher mit dem körpereigenem Belohnungssystem zusammen. Beim Erlernen von Neuem stellt sich ein positives Gefühl ein, das „(neu)gierig“ machen kann. Bestimmte Hirnareale schütten beim lernenden Menschen Dopamin aus. Diese Ausschüttung aktiviert wiederum andere Neuronen, so genannte endogene Opiade (körpereigene Stoffe) zu produzieren.

In der Schule darf die angeborene Lust am Lernen nicht verschüttet werden. Jeder Schüler braucht Lob! Schon ein netter Blick bringt das Gehirn auf Trab. Gemeinsames Lachen, Singen, Bewegen entspannt und erhöht die Lernfreude.

Je größer das Vorwissen des einzelnen Schülers ist, umso anschlussfähiger ist es für neue Inhalte. Stoff kann besonders gut behalten werden, wenn er an Sinn und Bedeutung schon gelernten Materials anknüpft.

Je intensiver das prozedurale und das deklarative Lernen aktiv ineinander greifen, um so tiefer wird Wissen verankert und anwendbar sein.

Lernen muss die Möglichkeit bieten, erforschen und ausprobieren zu können. Eigene Wege zu erkennen, bedeutet individuelle Förderung zu erfahren, die Lust auf Lernen macht. Vertrauen in die eigenen Fähigkeiten erleichtert den Umgang mit eigenen Defiziten.

Hirnforscher fordern zum Lernen aber auch konstante Bedingungen und gleichbleibende äußere Formen, da menschliche Gehirne eine gewisse logische Ordnung benötigen, um Gedächtnisleistungen zu speichern und abzurufen.
Didaktische Konzepte, die dies unberücksichtigt lassen, erschweren das Lernen der Schüler.

„Lernen ist wie Rudern gegen den Strom, sobald man aufhört, treibt man zurück“[57]

- Lernen ist Leben
- Lernen ist ein Naturgesetz, kein Zufall
- Lernen geht von allein, Lernen geht automatisch, Lernen kann man lernen
- Lernen besteht nicht nur aus auswendig lernen, sondern in der Verknüpfung von wissen und erfahren
- Lernen kann in jedem Entwicklungsstadium stattfinden, es ist jedoch am effektivsten, wenn es zum entsprechenden Zeitpunkt der neurologischen Reife stattfindet
- Gelerntes auch in anderen Zusammenhängen anzuwenden, ist Intelligenz.
  Intelligenz kann trainiert werden
- Unser Gehirn kann viel mehr als wir denken
- Laut neusten Forschungsergebnissen der Hirnforscher in den USA nutzen wir unser Gehirn zu höchstens 5%
- Spielerischer Umgang mit den grauen Zellen unterstützt Lernen
- Bewegung unterstützt Lernen

Leistung

Leistung gehört zum Leben des Menschen.
Um eine Leistung zu erbringen, braucht der Mensch Fähigkeiten, Motivation, physische und psychische Energie.

[57] Benjamin Britten, englischer Komponist, 1913-1976

Fähigkeit und Motivation befruchten sich gegenseitig, denn eine bestimmte Fähigkeit kann ohne Motivation nicht geweckt, nicht entfaltet und nicht gefördert werden. Motivation wiederum bedarf einer Fähigkeit, denn ohne Fähigkeiten kann es zu keiner Leistung kommen. Leistungsfähigkeit ist oft auch eine Frage der Einstellung des einzelnen Menschen.

Schüler, die sich in Leistungssituationen befinden, greifen in der Regel auf frühere Erfahrungen zurück. Ist etwas gut gelungen, werden sie versuchen, es ebenso gut zu bewältigen oder versuchen, es noch zu verbessern. Gerät der Schüler durch wiederholtes Versagen in eine negative Leistungsspirale, kann dies dazu führen, dass Angst, Furcht und Stress bei der nächsten Anforderung dazu führt, dass ihm die Lösungswege zur Bewältigung seiner Aufgabe fehlen, obwohl er kognitiv dazu in der Lage wäre. Hat der Lehrer die Vielfalt der Fähigkeiten seines Schülers aufgrund seiner Leistungen erkannt, kann er über schülerzentrierte, differenzierte Arbeitsangebote und motivierende Begleitmaßnahmen optimal die Fähigkeiten seiner Schüler fördern. Das Klima in der Klasse und das Befinden des einzelnen Schülers werden eine wichtige Stufe zum Erreichen der fachlichen Ziele sein.

Leistung benötigt ein positives Klima, es bedarf der Motivation und – Leistung ist ein Motivationsfaktor für die Schüler an sich. Anerkennung, interessante Inhalte, Eigenverantwortung, Entfaltungsmöglichkeit und Belohnung sind Motivationsfaktoren für das Lernen und Leisten der Schüler. Damit Leistung ein motivierender Faktor bei der gemeinsamen Arbeit in der Schule bleibt, müssen Leistungsdruck und Angst vor Überforderung durch verschiedene pädagogische Maßnahmen auf ein gut verträgliches Maß reduziert werden. Bewegung und Entspannung sind ein hervorragendes und wirkungsvolles Medium, um dies zu unterstützen.

Schule darf die beschriebenen elementaren Voraussetzungen zum Erbringen von Leistung zu keiner Zeit und in keiner Schulform vernachlässigen.

„Bewegung ist das Tor zum Lernen“[58]

Bewegen und Wahrnehmen sind mit Lernen und Leisten verbunden. Bewegung zeigt intensive Auswirkungen auf das Gehirn durch:

- Steigerung der Hirndurchblutung

[58] Dennison, P. in Hannaford, C. (1996): Bewegung ist das Tor zum Lernen, S. 115

- Aktivierung der Hirnregionen von Cortex, Limbischem System und Reptiliengehirn
- Unterstützung der Zunahme von Synapsen
- Optimierung der Funktion der Nervenzellen (Leistungsfähigkeit ist abhängig von der Aktivität der Zellen)
- Vermehrte Zufuhr von Sauerstoff
- Schnelleren Abtransport von verbrauchtem Sauerstoff, Verhinderung von Übersäuerung des Gehirns (Übersäuerung blockiert das Gedächtnis)
- Erinnerungen, die als Ergebnis von Wahrnehmung und Bewegung (Handlung) entstehen
- Erwecken und Aktivieren geistiger Fähigkeiten
- Einflussnahme auf das Kohärenzgefühl[59]

Positive Auswirkungen ergeben sich daraus u.a. auf die Bereiche:

- Gedächtnisleistung
- Aufmerksamkeit
- Kommunikation und Sprache
- Sehen und Linsenresilienz (Fähigkeit eines gedehnten Gewebes, wieder in seine ursprüngliche Form zurückzukehren)[60]
- Sehen und Augefolgebewegungen[61]
- Emotionale Ausgeglichenheit
- Psychisches und physisches Wohlbefinden
- Verminderung von Stress
- Interaktion mit anderen
- Fein- und grobmotorische Koordination
- Steigerung der Beweglichkeit
- Verbesserung der Reaktionsmöglichkeit
- Stärkung des Immunsystems[62]
- Fettabbau
- Gesundheitsförderung und Prävention

In einem bewegten Körper lässt sich das Gehirn besser trainieren.

[59] Antonovsky, A. (1997): Salutogenese, S. 185
[60] Hannaford, C. (1996): Bewegung ist das Tor zum Lernen, S. 126
[61] ebd. S. 128
[62] ebd. S. 206ff

Wir merken uns von dem, was wir....

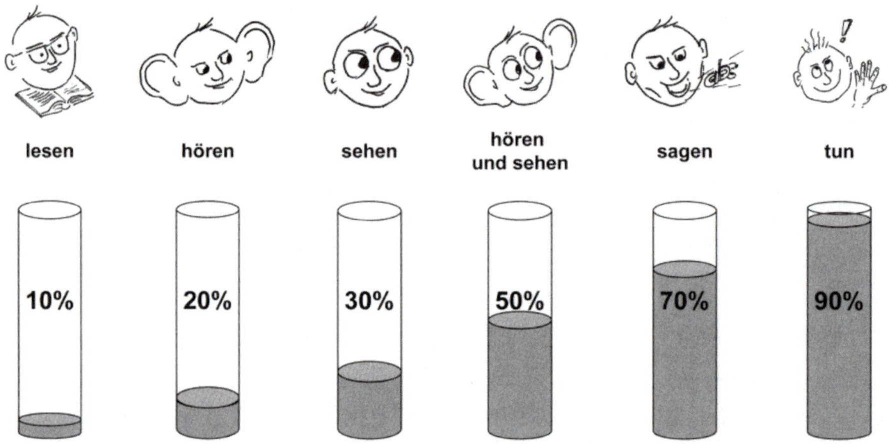

Pädagogen können in ihrer Unterstützung nicht zusätzlich die Aufgaben von Elternhaus und Therapie übernehmen, aber Pädagogik kann und muss ihren Anteil leisten.
Einwände, dass Elternhaus und Umwelt nicht genügend in dieselbe Richtung arbeiten, können nur teilweise gelten.
Schule hat einen pädagogischen Auftrag zu erfüllen.
Sie kann und muss ermöglichen, tägliche Prisen des gesunden Mittels „Bewegung“ in den Schulalltag zu integrieren.

Jeder Tropfen zählt. Fangen wir an ...
Schule, beweg dich!

2. Elternabend

Es ist wichtig, auch bei Eltern das Bewusstsein für die Notwendigkeit von bewegtem Unterricht zu schärfen.
Auf Elternabenden bietet es sich an, über die Bedeutung von Bewegung und Wahrnehmung für eine gesunde und harmonische Entwicklung der Kinder zu informieren.
Eltern wissen, wie wichtig eine gute schulische Ausbildung für die Zukunft ihrer Kinder ist. Der Zusammenhang aber von Bewegung und Lernen, von Bewegung und Verhalten, von Bewegung und umfassender Gesundheit ist ihnen häufig gar nicht oder nur oberflächlich bekannt.
Für eine gedeihliche Zusammenarbeit von Schule und Elternhaus ist es daher empfehlenswert, zu einem Elternabend mit dem Schwerpunkt „Bewegung zur Unterstützung des täglichen Lernens“ einzuladen.
Die angemessene Vermittlung von theoretischem Grundwissen und eigenem praktischem Erproben ermöglicht einen gelungenen Informationsaustausch zwischen Schule und Elternhaus. Die pädagogische Arbeit in der Schule wird dadurch erleichtert und unterstützt. Dem berechtigten Wunsch der Eltern, Informationen über Inhalte des Unterrichts zu bekommen, wird Rechnung getragen.

2.1 Lernen durch Bewegung

Im Folgenden werden beispielhaft zwei Spiele vorgestellt, die je nach Altersstufe, Schulart und Vorwissen der Eltern durch andere Spiele ersetzt werden können.
Ziel ist es, die Theorie zum Thema „Bewegen und Lernen“ am Elternabend durch praktische Erfahrung verständlich und nachvollziehbar zu gestalten.
Bewusst wurden hier zwei Spiele gewählt, bei denen die Lerninhalte nicht auf den ersten Blick deutlich werden.
Jeder Lehrer wird entscheiden, welche der verschiedenen Spiele im Buch für seinen Elternabend am geeignetsten sind.

2.1.1 „Epidemie“

Eltern der Klassenstufen:	VK[1] – 4
Arbeitsform:	Kreis
Lernziel:	Serialität, Aufmerksamkeit, Konzentration

Der Spielleiter erzählt eine kurze Geschichte, um das Spiel einzuleiten:

Beispiel: „Als ich heute Abend zum Elternabend fuhr, wurde ich an der Ecke von einem winkenden Herrn angehalten. Höflich kurbelte ich das Autofenster herunter und fragte, wie ich helfen könnte. Da bemerkte ich, dass der kleine Herr sehr grün war. Das grüne Männchen erzählte mir, dass er vom anderen Stern käme und nur einfach einen Menschen kennen lernen wollte. Nun – das freute mich und wir unterhielten uns nett. Nur – eine Schwierigkeit ergab sich, das Männchen litt nämlich an der Sterngrippe und die steckt an! Ja, so habe ich mich angesteckt, habe jetzt auch die Sterngrippe und leider muss ich Ihnen mitteilen, dass auch Sie sich gleich anstecken werden.
Eine Sterngrippe steckt aber nicht einfach so an, sondern sie beginnt, den rechten Nachbarn zu befallen, dann den nächsten, den übernächsten ... Eine Epidemie bricht aus.
So geht der erste Grippeschub einmal im Kreis herum, bis er wieder bei mir ist.
Erreicht er mich, so bricht bei mir der zweite Schub aus, erreicht meinen rechten Nachbarn, dann den nächsten, den übernächsten ... Während bei mir also schon der zweite Schub ausbricht, werden Sie auf der anderen Seite des Kreises noch mit dem ersten Schub der Krankheit zu tun haben, bis auch zu Ihnen der zweite Schub kommt, dann ist bei mir wahrscheinlich schon der dritte ausgebrochen ...“
Der Spielleiter beginnt auf dem Stuhl sitzend sich auf die Oberschenkel zu klatschen:
Der erste Schub der „Sterngrippe“ ist ausgebrochen ...
Der erste rechte Nachbar macht die Bewegung nach, der zweite, der dritte, der vierte ... bis zum letzten Teilnehmer im Kreis (dieser sitzt links vom Spielleiter).

[1] Die Bezeichnung VK steht in diesem Buch stellvertretend für Eingangsstufenschüler (5 Jahre) und für Vorklassenschüler/Schulkindergarten (schulpflichtige, aber noch nicht schulreife Kinder)

Der Spielleiter beginnt nun, zusätzlich mit den Füßen auf den Boden zu stampfen:
Der zweite Schub ...
Der erste rechte Nachbar macht die Bewegung nach, der zweite, der dritte, der vierte ... bis zum letzten Teilnehmer im Kreis (dieser sitzt links vom Spielleiter).
Der Spielleiter steht auf, stampft mit den Füßen auf den Boden, klatscht dazu in die Hände: Der dritte Schub ...
Der erste rechte Nachbar macht die Bewegung nach, der zweite, der dritte, der vierte ... bis zum letzten Teilnehmer im Kreis (dieser sitzt links vom Spielleiter).
Der Spielleiter klatscht weiter in die Hände, springt mit den Füßen vor und zurück und ruft dabei laut: „Ha-Hu, Ha-Hu": Der vierte Schub ...
Der erste rechte Nachbar macht die Bewegung nach, der zweite, der dritte, der vierte ... bis zum letzten Teilnehmer im Kreis (dieser sitzt links vom Spielleiter).
Der Spielleiter setzt sich auf den Stuhl, lehnt sich zurück und entspannt.
Der erste rechte Nachbar macht die Bewegung nach, der zweite, der dritte, der vierte ... bis zum letzten Teilnehmer im Kreis (dieser sitzt links vom Spielleiter).
„Was für ein Glück, die Sterngrippen-Epidemie ist von unserem Planeten verschwunden, wir können uns dem Zuhören und Lernen widmen."

Variation:

- Mit älteren Schülern lässt sich dies Spiel gut in eine „Bewegungs-La-Ola" verwandeln.

2.1.2 „Dies ist ein Hund"

Eltern der Klassenstufen:	1 – 8
Arbeitsform:	Kreis
Lernziel:	Serialität, Aufmerksamkeit, Konzentration

Der Spielleiter hat zwei verschiedene Stifte in seiner Hand.
Er reicht einen Stift zu seinem linken Nachbarn und sagt: „Dies ist ein Hund."

Der linke Nachbar fragt den Spielleiter: „Was ist das?“
Antwort des Spielleiters: „Ein Hund.“
Der linke Nachbar (Nachbar 1) gibt den Stift an seinen linken Nachbarn (Nachbar 2) weiter und sagt: „Dies ist ein Hund.“
Nachbar 2 fragt: „Was ist das?“
Nachbar 1 wendet sich an den Spielleiter und fragt „Was ist das?“.
Antwort des Spielleiters: „Dies ist ein Hund.“
Nachbar 1 an Nachbar 2: „Dies ist ein Hund.“
Nachbar 2 gibt den Stift an seinen linken Nachbarn (Nachbar 3) weiter: „Dies ist ein Hund.“ Nachbar 3 fragt: „Was ist das?“
Nachbar 2 an Nachbar 1: „Was ist das?“
Nachbar 1 an den Spielleiter: „Was ist das?“
Antwort des Spielleiters: „Dies ist ein Hund.“
Nachbar 1 an Nachbar 2: „Dies ist ein Hund.“
Nachbar 2 an Nachbar 3: „Dies ist ein Hund.“
Nachbar 3 gibt den Stift an seinen linken Nachbarn (Nachbar 4) weiter: „Dies ist ein Hund.“ Nachbar 4 fragt: „Was ist das?“
Nachbar 3 an Nachbar 2: „Was ist das?“
Nachbar 2 an Nachbar 1: „Was ist das?“
Nachbar 1 an den Spielleiter: „Was ist das?“
Antwort des Spielleiters: „Dies ist ein Hund.“
Nachbar 1 an Nachbar 2: „Dies ist ein Hund.“
Nachbar 2 an Nachbar 3: „Dies ist ein Hund.“
Nachbar 3 an Nachbar 4: „Dies ist ein Hund.“
Nachbar 4 an Nachbar 5: „Dies ist ein Hund.“
Nachbar 5 gibt den Stift an seinen linken Nachbarn (Nachbar 6) weiter: „Dies ist ein Hund.“.....
Sind den Mitspielern der Ablauf und die Fragetechnik bekannt, wird das Spiel auf der rechten Seite des Spielleiters gleichfalls gespielt.
Der Spielleiter gibt dafür zusätzlich seinen anderen Stift zum Nachbarn (Nachbar 1) der rechten Seite und sagt: „Dies ist eine Katze.“
Nachbar 1 (rechte Seite) fragt: „Was ist das?“
Antwort des Spielleiters: „Eine Katze.“
Nachbar 1 gibt den Stift an seinen rechten Nachbarn (Nachbar 2) weiter und sagt: „Dies ist eine Katze.“
Nachbar 2 fragt: „Was ist das?“
Nachbar 1 wendet sich an den Spielleiter und fragt: „Was ist das?“
Antwort des Spielleiters: „Dies ist eine Katze.“
Nachbar 1 an Nachbar 2: „Dies ist eine Katze.“
Nachbar 2 gibt den Stift an seinen rechten Nachbarn (Nachbar 3) weiter: „Dies ist eine Katze.“
Nachbar 3 fragt: „Was ist das?“

Nachbar 2 an Nachbar 1: „Was ist das?“
Nachbar 1 an den Spielleiter: „Was ist das?“
Antwort des Spielleiters: „Dies ist eine Katze.“
Nachbar 1 an Nachbar 2: „Dies ist eine Katze.“
Nachbar 2 an Nachbar 3: „Dies ist eine Katze.“
Nachbar 3 gibt den Stift an seinen linken Nachbarn (Nachbar 4) weiter: „Dies ist eine Katze.“ Nachbar 4 fragt: „Was ist das?“ ....

Von der linken Seite wandert die „Hundefrage“ um den Kreis, von der rechten Seite wird die „Katzenfrage“ weiter gegeben.

Treffen oder überschneiden sich die Fragen und Antworten, wird es für alle Mitspieler knifflig, sich zu merken, zu welcher Seite Frage bzw. Antwort weiter gegeben werden müssen. Besonders spannend ist es, Fragen und Antworten zügig im Kreis weiter zu geben. Das Spiel endet meist mit Lachen und der Erkenntnis, wie schwierig einfachste Dinge in einem bestimmten Kontext sein können und wie hoch konzentriert das Gehirn in Spiel und Bewegung gearbeitet hat.

„Dies ist ein Hund ...“

2.1.3 Lernziele der Spiele:

Serialität (Reihenfolge) ist eine wichtige Grundlage

- um Aufgaben durchzuführen: „Hol Dein Heft aus dem Ranzen, hefte das Arbeitsblatt ein und markiere die wichtigen Stellen auf dem Blatt ... (Für viele Schüler ist es schwer, mehr als zwei Anweisungen nacheinander befolgen zu können.)
- um Ordnung halten zu können.
  In der Schule ist es hilfreich, auf dem Tisch, im Mäppchen (Etui), im Ranzen (Tornister), in den Heften und Büchern, Übersicht zu haben.
  Durcheinander führt zu verlorener Arbeitszeit, zu Ablenkung und ungeordnetem Denken
- um zu lernen, im passenden Moment etwas einzusetzen.
  Viele Schüler reagieren impulsiv auf visuelle oder auditive Reize, ohne zu bemerken, dass ihr mündlicher oder schriftlicher Einsatz in der Schule dadurch ineffektiv oder fehlerhaft wird. Ihnen fehlt die Fähigkeit, Aktivitäten stoppen zu können
- für den Mathematikunterricht.
  Das Fortführen von Mustern, das Erkennen von Gesetzmäßigkeiten, das Wissen und Umgehen mit Zahlenfolgen (welche Zahl steht vor/hinter der 30?), sind wichtige und grundlegende Bausteine in diesem Bereich
- für den Deutsch- und Fremdsprachenunterricht.
  Die Folge von einzelnen Buchstaben und Silben in einem Wort, die Gliederung eines Aufsatzes, einer Nacherzählung, eines Berichts, hängt mit Serialität zusammen
- für spätere Berufsqualifizierung.
  Organisationsfähigkeit steht in Zusammenhang mit dem Vorausplanen und Bedenken einzelner, aufeinander folgender notwendiger Schritte zum Erreichen des Ziels. Strukturiertes Planen bedarf einer grundlegenden Serialität

Orientierung und Rechts-Links-Sicherheit unterstützen:

- die Übersicht und Arbeitsweise auf Arbeitsblättern.
  Viele Schüler übersehen Aufgaben, vergessen sie zu bearbeiten, obwohl sie sie richtig erfüllen könnten
- die richtige Schreib- und Leserichtung in Heft und Buch.
  Häufig schreiben Schüler Buchstaben und Zahlen in Spiegelschrift. Beim Lesen kommt es zum Wechsel der Leserichtung

- mathematische Grundlagen für den Umgang mit Formen und Zahlen
- die Sicherheit im Straßenverkehr und den späteren Erwerb des Führerscheins
- die Reaktionsfähigkeit bei Körperkoordinierungsaufgaben

Auf dem Elternabend soll bewusst gemacht werden, wie wichtig Bewegung im Alltag ist.
Dies gilt nicht nur für die Schule, sondern auch für den privaten Bereich.
Schüler, die jeden Tag wenigstens einige Meter zu Fuß gehen, regen ihre Gehirntätigkeit an und fördern ihre Gesundheit.
Eltern, die mit ihren Kindern einen Spaziergang in der Natur machen, unterstützen die Konzentrations- und Merkfähigkeit aller Familienmitglieder.
Die Mithilfe im Haushalt, im Garten und bei anderen Alltagsbetätigungen vermittelt dem Gehirn wichtige Informationen als Grundlagen für schulische Aufgaben. So speichert das Gehirn z.B. beim Abwaschen von Geschirr Merkmale wie lang, spitz, eckig ... Diese Erfahrungen beinhalten wichtige Grundlage für Mathematik und andere Lernbereiche. „Begreifen", „Erfassen" sind Grundlagen des Denkens.
Das heutige Leben ist durch technische Geräte gekennzeichnet, die Alltagstätigkeiten weitgehend erleichtern oder ersetzen. Geschirr, Kleidung, Nahrung ... müssen nicht mehr mit der Hand bearbeitet werden, Maschinen ersparen Zeit und Kraft.
Kinder und Jugendliche erlernen bestimmte Handgriffe und Bewegungsformen in ihrem Leben gar nicht mehr, weil sie nicht als notwendig erscheinen.
In einer 1. Klasse machte ich die Erfahrung, dass etwa ein Drittel der 29 Schüler nicht wusste, wie ein Lappen auszuwringen war. Erstaunt schauten sie beim Abwischen ihrer Tische auf die nasse Oberfläche, die zwar sauberer erschien, aber nicht trocken wurde. Mehrere Schüler der Klassenstufen 7 und 9 waren nicht in der Lage, eine Schleife zu binden. Durch jahrelanges Tragen von Schuhen mit Klettverschluss gab es keine Notwendigkeit, dies zu üben.
Pädagogik muss auf die veränderte Umwelt reagieren. Die Meilensteine menschlicher Entwicklung, die eng mit Gehirntätigkeit verbunden sind, gelten auch heute noch und dürfen nicht vernachlässigt werden!
Alte Kinderspiele, die heute vielfach von Medien und technischen Alternativen ersetzt werden, zeigen deutlich, wie wichtig sie für die Entwicklung des Menschen sind.

Allein das alte Kleinkinderspiel „Hoppe, hoppe Reiter", von der Pädagogik nie beachtet, beinhaltet durch seinen Bewegungsablauf wichtige Wahrnehmungsstimulation im taktilen, vestibularen und propriozeptiven Bereich. Es bietet Werte, die ein Computerprogramm nicht ersetzen kann. Es verschafft Grundlagen, um später am PC arbeiten zu können. Vernachlässigte Bewegungserfahrung beinhaltet fehlende Körper-, Material- und Sozialerfahrung. Einseitige Bewegungserfahrung (einen Knopf drücken am Gerät) vermindert Synapsenverbindungen im Gehirn.
Fehlende Bewegungserfahrung verhindert angemessene Wahrnehmungserfahrung im physischen, psychischen und kognitivem Bereich.
Bewegung ist ein Grundbedürfnis des Menschen.
Die Kluft aber zwischen Bewegungsbedürfnis und Bewegungsmöglichkeit vergrößert sich fortschreitend.
Körper, Seele und Geist werden theoretisch als Einheit beschrieben, in der Praxis aber verliert sich dieser Gedanke ...

Alarmierend sind Berichte und Studien, die eine zunehmende Zahl von Schülern benennen mit

- Kopfschmerz
- Rückenschmerz
- Angst
- Motorischer Unruhe
- Schlafschwierigkeiten
- Kreislaufstörungen
- Wahrnehmungsauffälligkeiten
- ADS/ADHD
- LRS
- Dyskalkulie
- Autistischen Zügen
- Bettnässen

Ein gesundheitsförderliches, Wahrnehmung unterstützendes und bewegungsaktives Lernen, d.h. eine Integration von Bewegungs- und Entspannungsphasen, ist auch und gerade im Fachunterricht notwendig. Das Abschieben der Bewegung allein auf den Sportunterricht ist falsch.

Sport ist Bewegung – aber Bewegung ist mehr als Sport!

2.2 Ergänzende Tipps für neugierige Eltern mit der Frage:

„Wie kann ich mein Kind beim Lernen unterstützen?“

2.2.1 Helfende Faktoren für das Lernen

Fördernd für das Lernen sind außer täglicher Bewegung:

► Schlaf:

Zwischen der Gehirnrinde und dem Hippocampus bestehen vielfältige und enge Verbindungen. Gelernte Inhalte, die im Hippocampus während des Tiefschlafs aktiviert werden, erfahren eine Nachverarbeitung. „Der Hippocampus fungiert im Schlaf als Lehrer des Cortex“[2], d.h. genügend Schlaf ist auch für das Lernen wichtig.
Der erste Schlaf nach dem Lernen ist offenbar entscheidend für die Gedächtnisbildung.
Albert Einstein gab an, dass er mindestens zehn Stunden Schlaf benötigte, um überhaupt denken zu können.[3]
Der Wissenschaftler Professor Till Roenneberg (Chronobiologe) hat festgestellt, dass Menschen, die zu wenig schlafen, auf Dauer einen Verlust ihrer sozialen Kompetenz riskieren, da sie unausgeschlafen einfach weniger Kontrolle über ihre Verhaltensweisen besitzen.[4]
Menschen, die weniger als sieben Stunden schlafen, neigen eher zu Übergewicht, da u.a. das im Schlaf produzierte Hormon Leptin dafür sorgt, dass der Appetit unterdrückt wird.[5]
„North American Association for the Study of Obesity“ in Las Vegas legte dazu eine Studie vor, die zeigte, dass Probanden mit weniger als vier Stunden Schlaf pro Nacht ein über 70 % höheres Risiko von Übergewicht hatten als Teilnehmer, die zwischen sieben und neun Stunden geschlafen haben.

► Wasser und Sauerstoff:

Sauerstoff und Wasser benötigt der Mensch zum Leben.
Sauerstoff und Wasser sind Grundstoffe für das Gehirn, steigern die Leistungsfähigkeit und unterstützen das Immunsystem des Körpers.

[2] Spitzer, M. (2002): Lernen, S. 125
[3] Frankfurter Rundschau, 26.03.05, Magazinchen, S. 3
[4] ebd.
[5] www.tk-online.de/.../01__tagesaktuelle__news/ 2004/11__november__04/19/news1/navi1.html

Der Wasseranteil im Gehirn liegt schätzungsweise bei 90 %.[6]
Der Mensch sollte täglich ein bis zwei Liter Wasser zu sich nehmen, diese Menge soll bei Stress verdoppelt oder verdreifacht werden.
Wassertrinken und Aufnahme von Sauerstoff unterstützen den Lernprozess und helfen im Unterricht und bei den Hausaufgaben, konzentrierter und wacher zu arbeiten.
Zusätzlich dient Wasser der Entschlackung des Körpers, der Beseitigung von Abfallprodukten aus dem Stoffwechsel, dem Transport von Nährstoffen, der Aufrechterhaltung des osmotischen Drucks der Zellen und der Regulation der Körpertemperatur.
Gehirnzellen reagieren sehr empfindlich auf Wasserverlust und Dehydration.
Beeinträchtigungen ihrer Funktionen in Form von Leistungsminderung bis zu Orientierungsstörungen wurden bekannt. Die Aufnahme von Wasser führt schon in wenigen Minuten zur Veränderung der Gehirnpotentiale.[7]
Sauerstoff ist Voraussetzung für unsere Energie. Nährstoffe wie Fette, Eiweiße, Kohlehydrate kann der Körper nur dann unter Mitwirkung von Vitalstoffen wie Vitaminen, Mineralstoffen und Spurenelementen in Energie umsetzen, wenn genügend Sauerstoff vorhanden ist.
Sauerstoff können wir nicht speichern, deshalb ist der Mensch lebenslang auf die kontinuierliche Zufuhr angewiesen.
Die ersten Anzeichen für einen chronischen Sauerstoffmangel zeigen sich unmerklich. Die körperliche und geistige Belastbarkeit nimmt ab, ein Energiemangel schleicht sich ein und man fühlt sich matt und abgespannt. Sauerstoff ist zum Lernen und Leben wichtig. Das Gehirn verbraucht ein Fünftel des gesamten Sauerstoffs.
Gelüftete Räume und Bewegung im Freien unterstützen das Gehirn, die Gesundheit und auch das Lernen.

► Ernährung:

Ernährung ist ein wichtiger Grundstoff für das Gehirn. Eine ausgewogene und regelmäßige Ernährung ist für das Lernen wichtig. Für die optimale Versorgung des Nervensystems benötigt der Mensch bestimmte „Grundlagen".

[6] Hannaford, C. (1996): Bewegung ist das Tor zum Lernen, S. 170
[7] Beigel, D. (2003): Flügel und Wurzeln, S. 202

Zu ihnen gehören: Proteine (Eier, Molkereiprodukte, Fleisch), Kohlehydrate (Getreide, Früchte, Gemüse) und Fette.

Die Nahrung, besonders des Heranwachsenden, muss ausgeglichen sein.

- Vitamine, z.B.
  - Vitamin C zur Immunstärkung
  - Vitamin E zum Schutz gegen freie Radikale
  - Vitamin A zur Gesunderhaltung von Augen und Haut
  - Vitamin B-Komplex zur Aufrechterhaltung des Nervensystems
- Mineralstoffe, z.B.
  - Kalzium zur Stärkung der Knochen
  - Magnesium zur Energieproduktion des Körpers und für die gesunde Funktion von Nerven und Muskeln (hilft den Nerven, Nachrichten zu übermitteln)
- Spurenelemente, z.B.
  - Eisen zur Aufrechterhaltung von Leistungsfähigkeit
  - Zink zur Unterstützung von Konzentrationsstörungen und Lernfähigkeit
  - Mangan zur Unterstützung einer gesunden Entwicklung und eines gesunden Körperwachstum, aber auch zur Entgiftung des Organismus und zur Stärkung der Abwehrfunktionen

sind wichtige Bestandteile einer abwechslungsreichen Nahrung, die Schüler benötigen, um konzentriert lernen zu können und um ihre Gesundheit zu erhalten.
Der Verzehr von Fastfood („schnelles Essen") sollte eine Ausnahme sein.
Die Gerichte sind in ihrer Zusammensetzung oft unterschiedlich, jedoch ist der hohe Fett- Zucker- und Salzgehalt ein angebrachter Kritikpunkt.
Meist fehlt es dem Fast Food an Vitaminen und Spurenelementen, zudem wird es zusätzlich vorwiegend mit Süßgetränken wie Cola, Eistee o.ä. angeboten.
Zuckerhaltige Getränke und Speisen beinhalten unnötig viele Kalorien, Zucker wird u.a. als ein Faktor im Zusammenhang mit Stress, Krankheit, Übergewicht und Schwächung des Immunsystems gesehen.
Eine ausgewogene Ernährung ist für Kinder die beste Vorraussetzung, um sich geistig und körperlich optimal zu entwickeln.
Bewegungsmangel und falsche Essgewohnheiten sind die beiden Hauptursachen für Übergewicht im Kindesalter und prägende Faktoren für Gesundheitsschäden im Erwachsenenalter.

Beim Kind wird ein Teufelskreis in Gang gesetzt, der sich oft im gesamten späteren Leben fortsetzt. Deshalb ist es sehr wichtig, Kinder an eine aktive und bewusste Lebensweise zu gewöhnen.
Entwickeln sich aufgrund einer untrainierten Muskulatur und einer schlechten Körperhaltung Haltungsschäden, so sind Fehlbelastungen und verstärkte Abnutzungserscheinungen an Wirbelsäule und Gelenken als spätere Gesundheitsprobleme vorprogrammiert. Tritt Übergewicht bereits im Kindesalter hinzu, potenzieren sich die krank machenden Faktoren.
Jedes 5. Kind in Deutschland hat inzwischen Übergewicht.
Die Fettleibigkeit von Kindern hat in den vergangenen Jahren enorm zugenommen. Schuld daran tragen vor allem Fast-Food-Ernährung und ungenügende Bewegung. Fettleibigkeit erhöht das Risiko von Herz- und Kreislauferkrankungen, Gelenkschäden und Diabetes. Laut Weltgesundheitsorganisation WHO verursacht Übergewicht bis zu 8 % aller Krankheitskosten.[8]

► Essgewohnheiten:

Regelmäßige Mahlzeiten, gemeinsames Einnehmen von Mahlzeiten mit der Familie, essen am gedeckten Tisch fördern Verhaltensregeln und soziales Miteinander.
Nimmt man sich Zeit beim Essen, wird gründlicher gekaut und angemessener verdaut.
Durch das regelmäßige Einnehmen von Mahlzeiten kann der Körper den Blutzuckerspiegel besser im Gleichgewicht halten. Ein ständiges Schwanken des Blutzuckerspiegels führt häufig zur Abnahme von Aufmerksamkeit und Konzentration, zu schneller Ermüdbarkeit, Gereiztheit und zeitweise zu motorischer Unruhe und/oder Impulsivität.
Kinder sollten früh an regelmäßige Mahlzeiten gewöhnt werden, dazu gehört auch ein gesundes Pausenbrot.
Regelmäßige Mahlzeiten geben Kindern Sicherheit und Orientierung und auch Erwachsene profitieren davon. Essen ist mehr als bloße Nahrungsaufnahme. Zur Kultur des Essens gehören bestimmte Regeln oder Rituale.
Optimal ist, wenn das gemeinsame Essen in einer Atmosphäre von Ruhe und Entspannung verläuft.
Eltern sollten darauf achten, dass beim Essen wirklich nur gegessen wird, nicht gleichzeitig Spiele gespielt, Hausaufgaben gemacht, gelesen, Fernsehen geschaut wird.
Das gute Beispiel der Erwachsenen ist angesagt.

[8] http://www.heute.de/ZDFheute/inhalt/30/0,3672,2277150,00.html

Der Pausenverpflegung in der Schule kommt eine große Bedeutung zu. Schüler, die sich kein Frühstück mitbringen, erleben ein Leistungstief. Sie werden schnell schlapp und unkonzentriert. Eltern sollten auf das gesunde Frühstück achten.

► Spielen:

Schüler brauchen Zeit zum Spielen. Tägliche „Termingeschäfte", die zusätzlich zur Schule und zu den Hausaufgaben Zeit kosten, lassen das freie, selbstbestimmte Spiel der Schüler immer mehr verkümmern. Der lustbetonte und zweckfreie Charakter des Spiels bietet dem Schüler die Möglichkeit, sich zu entspannen und die Zeit intensiv zu erleben. Beim Spielen konzentriert sich der Spieler auf den Spielgegenstand, er variiert Spielideen und fördert seine Fantasie und Kreativität. Spiel vollzieht sich als Lernsituation, die Handlungsfreiheit, Wahlmöglichkeit, Wiederholung, Lerngeschwindigkeit und Entdeckungsmöglichkeiten bietet. Spiel übt selbstbestimmtes und selbstständiges Handeln. Es kann zur Lösung von Problemen beitragen, ermöglicht das Erproben von Verhaltensmustern, übt Kontaktaufnahme und unterstützt die Ausdauer für Fertigkeiten.
Das gemeinsame Spiel der Eltern mit dem Kind ist bedeutsam: „Spiel, Berührung, Zuwendung und Stimme drücken in unendlicher kultureller Vielfalt aus: Du bist uns wichtig."[9]

Das Spiel – das ist der Weg zur Erkenntnis der Welt

Maxim Gorki

► Motivation:[10]

Motivation (lat.: movere = bewegen) bezeichnet die Beweggründe oder die Bereitschaft für bestimmtes Verhalten.

„In jedem Kind ist das Grundbedürfnis und die Motivation, zu lernen und sich zu entwickeln."[11]

[9] Antonovsky, A. (1997): Salutogenese, S. 97

[10] Dopamin ist ein Botenstoff, der auch mit der Motivation zusammenhängt.
Dopamin wird an unterschiedlichen Orten im Gehirn mit unterschiedlichen Funktionen ausgeschüttet.
Drei verschiedene Dopaminsysteme sind an der Regelung und Steuerung im Gehirn beteiligt:
1. Bewegungsabläufe (z.B. Dopaminmangel bei Parkinson)
2. bestimmte Hormone (z.B. Milchfluss, Wachstum der Brustdrüse)
3. Erleben und Verhalten (z.B. Bewertung von Reizen)

[11] Köckenberger, H., (1997): Bewegtes Lernen, S. 39

Gelernt wird immer dann, wenn positive Erfahrungen dabei gemacht werden.

Als Verstärker für das Lernen gelten:

- Spaß beim Lernen
- Verstehen des Sinns des zu lernenden Stoffes
- ein netter Blick[12]
- ein klar nachvollziehbares Lob
- ein den Menschen wahrnehmendes Lächeln
- Nachfragen und Interesse an der Arbeit des Schülers
- Übertragung von Kompetenzen
- eine angenehme Lernatmosphäre
- Vorbilder

Hinter jedem (Lern-) Ziel steht immer auch ein Grund, dieses Ziel erreichen zu wollen.
Dies ist das Motiv, das als Grundlage für die Motivation dient.
Aus dem Motiv erwächst die eigentliche Motivation: der Antrieb, ein Ziel zu erreichen.
So sind beispielsweise Neugierde und Interesse, Belohnung und Gruppendruck wesentliche Motive im Lernumfeld.
Da Neugierde und Interesse aus dem Menschen selbst kommen, wird diese Art der Motivation vom Lernenden und nicht von außen erzeugt.

In der Mitte der Schwierigkeiten liegen die Möglichkeiten
(Albert Einstein)

► Lob:

Durch Lob verstärken Eltern das Gefühl der Zuversicht, das sich bei Erfolg einstellt.
Kinder brauchen den Optimismus und die Ermutigung der Erwachsenen, um sich anzustrengen und Leistung zu erbringen.
Es ist besser, Kinder für kleine Erfolge zu loben, als nur ihre Defizite hervorzuheben. Aus Lob entsteht schnell ein positiver Kreislauf aus Anstrengung, Erfolg, Freude und erneuter Anstrengung.

Eines der traurigsten Dinge im Leben ist,
dass ein Mensch viele gute Taten tun muss,
um zu beweisen, dass er tüchtig ist, aber
nur einen Fehler begehen braucht,
um zu beweisen, dass er nichts taugt
(George Bernard Shaw)

---

[12] Hamann in Spitzer, M. (2002): Lernen, Studie 2002, S. 191

▶ Menschliche Nähe:

„Alle Lernprozesse brauchen mindestens bis zum 20. Lebensjahr menschliche Nähe. Menschliche Nähe ist sowohl für das Lernen als auch für die Gesundheit des Menschen eine wesentliche salutogenetische Ressource.“[13]
„Ohne ausreichenden Schutz durch das wahrnehmende Lächeln wird unter Belastung über einen dauerhaft erhöhten Blutspiegel des Stresshormons Cortisol (...) der Hippocampus beschädigt.“[14]

▶ Körperkontakt:

„Berührung ist ein starker Anker für Lernen und Verhalten.“[15]
Die neue Gehirnforschung zeigt, dass Kinder, die häufig Hautkontakt erfahren, weniger Stress haben und entsprechend weniger Aggressionsbereitschaft zeigen.
Jean Ayres entdeckte eine Verbindung zwischen der Unfähigkeit Berührung zu ertragen und Lernschwierigkeiten.[16]
Jede körperliche Zuwendung zeigt dem Kind, dass es geliebt und angenommen wird. Das Gefühl von Geborgenheit und Schutz gibt dem Kind Sicherheit und Stärke und wirkt sich damit positiv auf sein Selbstwertgefühl und sein Selbstbewusstsein aus.

▶ Eltern-Kind-Dialog

Zunehmend häufiger fallen Schüler auf, denen es nicht gelingt, über Sprache auszudrücken, was sie bewegt. Ihr (auffälliges) Verhalten erst lässt uns merken, wie gefangen sie in ihrem Alleinsein mit ihren Gedanken, Zweifeln, Träumen und Ängsten sind.
Innerhalb der Familie Zeit zu finden zum Erzählen, zum Zuhören, zum gemeinsam Erörtern, Diskutieren, Besprechen und Nachsinnen sind wertvolle Erfahrungen, die das Finden der eigenen Identität, die Bestätigung des Selbstwerts und die Gewissheit der Geborgenheit unterstützen.
Es ist erschreckend, wie oft Medien – Radio, Fernseher, Kassetten, CDs, Computer – einen zuhörenden Gesprächspartner ersetzen.
Eine Langzeitstudie belegt, dass abendliche Gutenachtgeschichten – damit sind auch emotionale Sicherheit und entspannte Atmosphäre verbunden – als hervorragende Lernhilfe für einen späteren guten

[13] Schiffer, E., Schiffer, H. (2004): Lerngesundheit
[14] ebd., S. 33
[15] Hannaford, C. (1996): Bewegung ist das Tor zum Lernen, S. 49
[16] Ayres, J. (1998) : Bausteine kindlicher Entwicklung, S. 152

Schulabschluss gelten. Schüler, die regelmäßig etwas vorgelesen bekamen, machten „deutlich“ bessere Schulabschlüsse.[17]

Liebe ist das einzige, was nicht weniger wird, wenn wir es verschwenden

(Ricarda Huch)

► Singen:

Singende Menschen sind im Vergleich zu nicht Singenden sowohl psychisch als auch physisch lebenszufriedener und ausgeglichener.
Durch den Botenstoff Dopamin, der im Frontalhirn freigesetzt wird, wird der Mensch wacher und kann klarer denken.[18]
Singen unterstützt auf entspannende Weise nachhaltig die Fähigkeit des Sprechens, Zuhörens, der Gedächtnisübung und der Zusammenarbeit der beiden Hemisphären über das Corpus Callosum.
Singen und Musizieren fördert die motorische Entwicklung und das Körperbewusstsein des Schülers, es schult die Bewegung des Körpers und des Atem- und Stimmapparats.
Menschen aller Altersstufen sollten zum Singen ermuntert werden, denn Singen hilft, den Alltag zu bewältigen.
Aus „Leib und Seele“ zu singen, lässt Gefühlen freien Lauf und ermöglicht kreativ die Gestaltung der Selbstentfaltung. Gefühle können ausgedrückt und hörbar gemacht werden.
Singen bringt physiologische Prozesse in Gang, die Angst auflösen (viele Kinder singen, wenn sie in den Keller gehen) und Trost spenden.
Menschen sollten niemals das Gefühl bekommen „nicht singen zu können“. Singen schützt die Seele.
Singen hängt nicht vom Einhalten einzelner Noten ab – Singen ist Lebensfreude pur, Singen hilft Trauer, Angst und Verletzungen zu verarbeiten.

Das Singen ist die eigentliche Muttersprache aller Menschen

(Yehudi Menuhin)

► Pausen:

Gönnt der Mensch sich keine Pausen, gerät er unter Leistungsdruck und fühlt sich erschöpft. Die Erschöpfung macht sich in der Regel

[17] Neue Osnabrücker Zeitung, (2003): „Gutenachtgeschichten als Lernhilfe“, Oxford, 7.2.03, dpa/epd
[18] Schiffer, E.: Schiffer H. (2004): Lerngesundheit, S. 82ff

nicht gleich bemerkbar, sondern zeigt sich erst nach einer Phase verpasster Pausen in Konzentrationsschwierigkeiten, Gereiztheit, Aggression, Überempfindlichkeit oder Depression.
Entspannungsphasen sind wichtig als Voraussetzung für optimales Lernen, d.h. es ist darauf zu achten, dass Üben und Büffeln nicht zum Dauerbetrieb werden.
Lern- und Ruhephasen sollten in einem vernünftigen Verhältnis zueinander stehen. Ernest Rossi (Psychobiologe, Kalifornien) meint, dass der Körper alle zwei Stunden eine 20-minütige Pause benötigt, um sich zu regenerieren.[19]

2.2.2 Hemmende Faktoren für das Lernen

► Angst:

Belastungen durch angespannte häusliche Atmosphäre wegen nicht erreichter Zensuren können zu Angst vor schulischen Anforderungen führen.
Angst verhindert das Verknüpfen von neu Gelerntem mit bereits Bekanntem. Durch Angst kommt es zu Blackouts, d.h. auf gespeichertes Wissen kann nicht mehr zurückgegriffen werden. Versprechen, Fehlhandlungen, Zerstreutheit, vermehren sich unter Angst. Angst ist nicht förderlich für das Lernen: „Angst essen Seele auf."[20]

► Stress:

Stress bedeutet Druck, Belastung, Spannung für den Schüler.
Schüler, die ihre Hausaufgaben unter Stress erledigen, haben kaum einen Lernzuwachs dabei. „Unter Stress schaltet das Frontalhirn auf Notbetrieb."[21]
Stress macht flucht- und kampfbereit, aber nicht denkfähig. Routineaufgaben können unter Druck zeitweise rascher bewältigt werden, problemlösendes und komplexes Arbeiten aber benötigt entspannte Lernsituationen.
„In fast jeder zweiten Familie mit Schulkindern gibt es regelmäßigen Streit wegen Hausaufgaben und Noten."[22] Die häufigsten Stressproduzenten für die Schüler sind zu hoher Leistungsdruck, Streit und Zeitnot.

---

[19] Rossi, E. (1993): 20 Minuten Pause. Paderborn: Junfermann Verlag
[20] Titel eines 1973 produzierten Spielfilms von R.W. Fassbinder
[21] Dithmarsche Landeszeitung, 10.4.2003
[22] Dithmarsche Landeszeitung, 10.4.2003

Chronischer Stress hat negative Auswirkungen auf das Gedächtnis. Stresshormone wie Adrenalin und Noradrenalin wirken sich ungünstig auf Neuronen des Hippocampus aus und verringern die Glukoseaufnahme ins Gehirn. Dadurch kommt es zu einer Reduzierung des Energieangebots und zu schneller Ermüdung.
Stress ist ungünstig für Lernen und Verhalten.
„Der menschliche Organismus kann nicht ohne schädliche Folgen auf einem hohen und intensiven Level emotionaler Spannung verharren, auch nicht, wenn die Emotion angenehm ist. Man muss sich entspannen, um nicht zu erschöpfen."[23]

► Ablehnung:

Abgelehnte Schüler zeigen vermehrt psychosomatische Beschwerden wie Schlaflosigkeit, Appetitlosigkeit, Bauch- oder Kopfschmerzen. Je intensiver sie sich abgelehnt fühlen, umso mehr häufen sich Fehlstunden.
Unabhängig davon, in welchem Alter und über welche Verhaltensweise sich der Rückzug des Schülers andeutet, sollten Eltern (Lehrer) das Gespräch mit dem Kind oder Jugendlichen suchen und dessen Erzählungen ernst nehmen, ohne sie in Frage zu stellen.

► Wahrnehmungsmangel und Wahrnehmungsfülle:

- Mit einem zu vollen Bauch oder mit einem zu leeren Bauch fällt Lernen schwer
- Eine zu laute Lernumgebung, unangenehme Gerüche, zu geringes Licht führen zu schneller Ermüdung und behindern optimales Lernen.
  Ständige Geräusche haben laut Forschung auf das menschliche Hör- und Sprachvermögen eine negative und entwicklungshemmende Auswirkung. [24]
  Positiv ist, dass Nachteile bei betroffenen Kindern durch geeignete Maßnahmen aufgeholt werden können
- Das Sehen von gewalttätigen Videospielen beeinflusst nachhaltig den Frontallappen des Gehirns. Die Aktivität des Frontallappens, der erst im Alter von Anfang 20 ausreift, sinkt deutlich und wird durch Minderdurchblutung in seiner Entwicklung eingeschränkt[25]

[23] Antonovsky, A. (1997): Salutogenese, S. 139
[24] Die Welt, 19.4.2003, S. 24
[25] Schiffer, E.; Schiffer, H. (2004): Lerngesundheit

- Zunehmende Reizüberflutung durch Computer und Fernsehen hemmt nach Aussage von Fachärzten bei immer mehr Kindern die Entwicklung.
  Berieselung durch die Medien verletzt Körper, Geist und Seele des Kindes und ist Verursacher „neuer Kinderkrankheiten“[26]
- Nicht nur der Medienkonsum der Kinder, sondern auch der Medienkonsum der Eltern kann Folgen haben.
  Aufmerksamkeit und Wahrnehmung sind nicht mehr auf das Kind oder den Partner, sondern auf den Fernseher oder Computer gerichtet
- Durstgefühl wird häufig nicht mehr wahrgenommen, weil der Körper durch mangelnde Gelegenheit zu trinken gelernt hat, nicht darauf zu reagieren.
  Wer erst bei Durstgefühl etwas trinkt, leidet bereits an Flüssigkeitsmangel. Durst stellt sich ein, wenn ca. 0,5 % des Körpergewichts an Flüssigkeit fehlt.

Ein Flüssigkeitsmangel am Tag, der erst abends ausgeglichen wird, führt noch am nächsten Tag zu Leistungseinbuße[27]

Lehrt Eure Kinder, was sie sind!
Sagt zu Ihnen:
Jedes von Euch ist einzigartig!
In all den Jahren,
die vergangen sind,
hat es niemals Kinder wie euch gegeben

(nach Pablo Casals)

[26] www.heute.de, 18.4.2005
[27] WNZ, 5.4.2003, S. 5

3. Beweg dich, Schule!

Stillsitzen ist kein Zeichen von Konzentration oder Lernbereitschaft. Bewegungsspiele im Unterricht verbessern und intensivieren das Verstehen der Lerninhalte.
Sie steigern die Konzentration, motivieren, dienen der Entspannung und Auffrischung des Gehirns, unterstützen eine positive Arbeitsatmosphäre und steigern das Selbstwertgefühl der Schüler.
Eine durch Bewegungsspiele abnehmende Aggressions- und Gewaltbereitschaft unterstützt ein gutes soziales Miteinander.
Spiel und Bewegung fördern die Kommunikations- und Ausdrucksmöglichkeit ebenso wie Kooperationsfähigkeit, Fantasie und Kreativität. Genannte Qualifikationen spielen eine zunehmend wichtige Rolle in der zukünftigen Arbeitswelt der Schüler.
Schon Pestalozzi, Locke und Rousseau stellten fest, dass Spiel die Grundlage für Können, Wissen und Moral ist.
“Täglich ausreichend Bewegung ist von essentieller Bedeutung für Lernen und Entwicklung im Kindesalter. Wenn sich beim Lernen Phasen von Spannung und Entspannung sowie der Geistestätigkeit und der körperlichen Bewegung abwechseln, so werden Lernprozesse unterstützt.“[1]

Die genannten Anregungen stellen keine Angebote anstelle schulischen Lernens dar, sondern dienen der Ermöglichung, Erleichterung, sind Ergänzung und Intensivierung des Lernens unter persönlichkeitsentwickelndem und gesundheitsförderndem Aspekt.
Sie orientieren sich inhaltlich an den Lehrplänen der einzelnen Bundesländer und an den „Vereinbarungen über Bildungsstandards“ der Kultusministerkonferenz für die Klassen 1-10.

Laut Beschluss der Kultusministerkonferenz vom 23./24.5.2002 wurden für den Primarbereich, den Hauptschulabschluss und den Mittleren Abschluss Bildungsstandards erarbeitet.
Am 4.12.2003 wurde eine „Vereinbarung über Bildungsstandards für den Mittleren Schulabschluss (Jahrgangsstufe 10)“ in den Fächern Deutsch, Mathematik und erste Fremdsprache getroffen.
Ergänzend dazu vereinbarte die KMK am 15.10.2004 Bildungsstandards für den Primarbereich (Klasse 4) und den Hauptschulabschluss (Klasse 9) in den Fächern Deutsch und Mathematik (erste Fremdsprache /Klasse 9).[2]

---

[1] Hessisches Sozialministerium, Hessisches Kultusministerium (2005): Entwurf Bildungs- und Erziehungsplan für Kinder von 0 bis 10 Jahren in Hessen, S. 23

[2] www.kultusministerkonferenz.de

Erklärung zu den Spielen:

M	Spiele zum Bereich Mathematik
D	Spiele zum Bereich Deutsch
F	Spiele zum Bereich Fremdsprachen
G	Spiele zum Bereich Sachkunde/Gesellschaftskunde
Ü	Spiele, die in verschiedenen Fächern eingesetzt werden können
S	Minisportbewegungen
BG	Brain-Gym®-Spiele
P	Kleine Bewegungspausen für zwischendurch
K	Klatsch- und Fingerspiele

Die Spiele wurden den entsprechenden Lernbereichen zugeordnet und nach Alterstufen gegliedert (beginnend mit Angeboten für die jüngsten Schüler).

Zur leichteren Übersicht wurde eine Nummerierung vorgenommen.

VK	Vorklasse/Schulkindergarten (schulpflichtige, aber noch nicht schulreife Schüler); Eingangsstufenkinder (fünfjährige Schüler)
1 – 10	die Benennung entspricht der jeweiligen Klassenstufe

3.1 Schwerpunkt: Mathematik

Spiel M1	**„Beine-Würfeln“**
Klasse:	VK – 4
Fach:	Mathematik
Anzahl:	Kleingruppe- bis Klassenstärke
Arbeitsform:	Kreis
Material:	Schaumstoffwürfel

Drei Körperteile dürfen die Erde berühren

Es wird mit einem großen Schaumstoffwürfel in der Mitte des Kreises gewürfelt. Die gewürfelte Zahl entscheidet, mit wie vielen Körperteilen die Schüler die Erde berühren dürfen, z. B Würfelzahl 3: ein Bein, zwei Hände oder zwei Beine und der Po ...

Variation:
- Es wird zweimal hintereinander gewürfelt.

Die erste Würfelzahl gibt die Menge der Schüler an, die in einer Gruppe sind. Die zweite Würfelzahl gibt an, mit wie vielen Körperteilen die Gruppe insgesamt den Boden berühren darf.
Beispiel: Die erste Zahl ist eine 5, die zweite Zahl ist eine 4. Fünf Schüler versuchen nun gemeinsam mit vier Körperteilen die Erde zu berühren. Möglichkeit: Vier Schüler stehen auf einem Bein und tragen den fünften Schüler.

Spiel M/D2	„Größer als ... kleiner als“
Klasse:	VK – 4
Fach:	Mathematik, Deutsch
Anzahl:	Klassenstärke
Arbeitsform:	Am Tisch oder im Kreis

Größer als ...

Die Schüler stehen vor ihren Tischen. Es wird eine Zahl an die Tafel geschrieben. Der Spielleiter ruft nacheinander Zahlen. Ist die gerufene Zahl größer als die an der Tafel stehende, strecken sich alle auf Zehenspitzen in die Luft, ist die Zahl kleiner, gehen alle in die Hocke.

Variation:

- Geübte Schüler steigen bei einer höheren Zahl auf den Tisch, bei einer niedrigeren Zahl kriechen sie unter den Tisch.
- Es werden Rechenaufgaben gestellt – das Ergebnis entscheidet über Recken oder in die Hocke gehen

Deutsch:

- Wird ein Wort groß geschrieben, strecken sich die Schüler, wird ein Wort klein geschrieben, gehen sie in die Hocke.

Spiel M3	„Menschendomino“
Klasse:	VK – 4
Fach:	Mathematik
Anzahl:	Klassenstärke
Arbeitsform:	Stehend und gehend im Raum

Eine Dominoreihe entsteht ...

Ein Schüler (Dominostein) stellt sich frontal zur Klasse auf. Ohne Aufforderung und nur durch stumme Impulse untereinander (die Impulse sind Gestik oder Mimik) steht ein anderer Schüler auf, stellt sich neben den „Dominostein“ und benennt laut und deutlich, weshalb er dort steht (z.B. „blauer Pulli an blauem Pulli“).
Der nächste Schüler stellt sich entweder an den neuen Dominostein oder an die andere Seite des ersten Dominosteins und benennt ebenfalls kurz und deutlich seinen Grund, dort stehen zu können (Beispiel: „Zahnspange an Zahnspange“).
Das Spiel wird so lange gespielt, bis alle Schüler in der Reihe der Dominosteine stehen und damit etwas Gleiches mit dem Partner gefunden haben.
Das Spiel ist nur gewonnen, wenn die ganze Klasse zum Schluss eine Dominoreihe bildet, ohne dass ein Schüler übrig bleibt.

Spiel M4	„Rechen-Memory“
Klasse:	VK – 8
Fach:	Mathematik
Anzahl:	Klassenstärke
Arbeitsform:	Stehend und gehend im Raum

Zwei Schüler gehen vor die Tür. Sie spielen als Team.
Die restlichen Schüler verabreden jeweils zu zweit eine gemeinsame Zahl. Danach verteilen sich alle Schüler im Raum (wie Memory-Karten auf dem Tisch).

Einfachste Variante:
Die beiden Schüler kommen in den Raum. Ihre Aufgabe ist es, die beiden gleichen Zahlen zu finden. Dazu geht der erste Schüler zu einem Mitspieler und tippt ihn an. Der Angetippte nennt seine Zahl. Der Schüler tippt einen nächsten Mitspieler an. Auch dieser nennt seine Zahl. Stimmen die Zahlen überein, so geht das Pärchen zur Seite. Der zweite Schüler ist an der Reihe, er tippt nacheinander zwei Mitspieler an und hat ebenfalls das Ziel, gleiche „Karten“ zu finden. Da die beiden Schüler als Team spielen, helfen sie sich gegenseitig. Trotzdem wechseln sie sich stets nach zwei aufgedeckten Karten ab.

Variation:
- Nach jeder Runde (zwei aufgedeckte „Karten“) mischen sich die Mitspieler wieder neu
- Die Zahlen werden nicht benannt, sondern durch Körperzeichen gespielt (s. „Zahlen raten“ / M5)
- Die „Zahlen“ nennen nicht ihren Namen als Zahl, sondern geben den Namen als Rechenaufgabe benannt, Beispiel: Anstelle der Zahl 7 wird die Aufgabe 4 + 3 gesagt
- Bei geübten älteren Schülern kann das Rechenzeichen der Aufgabe durch ein Geräusch ersetzt werden

Spiel M5	**„Zahlen raten“**
Klasse:	VK – 10
Fach:	Mathematik
Anzahl:	Klassenstärke
Arbeitsform:	Am Tisch oder im Kreis

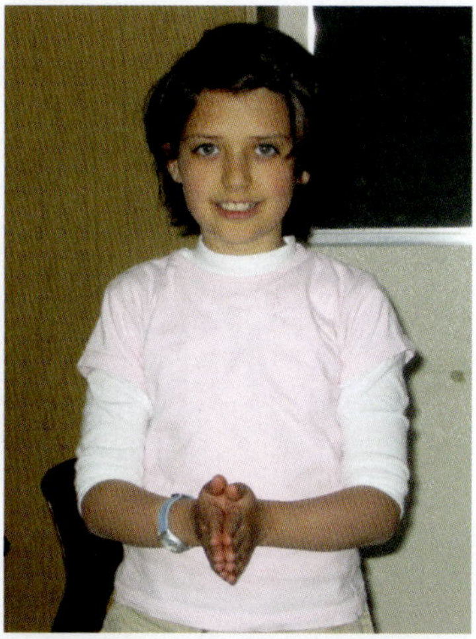

Die Einer werden geklatscht

Die Zehner werden gestampft

Die Hunderter werden gehüpft

Die Tausender werden mit gegrätschten Beinen gesprungen

Die Schüler stellen durch Bewegung mit ihrem Körper Zahlen dar:

Einer	es wird in die Hände geklatscht
Zehner	es wird mit dem Fuß gestampft
Hunderter	es wird mit geschlossenen Beinen gehüpft
Tausender	es wird mit gegrätschten Beinen gehüpft

Wichtig:

- Das Bewegungsspiel sollte auch mit älteren Klassen zuerst nur im Zahlenbereich bis 100 gespielt werden. Selbst Erwachsenen fällt es schwer, sich die Bewegungen, die Einer, Zehner, Hunderter ... vertreten, sofort zu merken und nachzuvollziehen
- Alle Bewegungen müssen langsam und großräumig ausgeführt werden, da die Zahlen ansonsten nicht zu raten sind und das Spiel keinen Spaß macht
- Die Zahlen müssen genau in der selben Reihenfolge vorgespielt werden, wie sie auch im Rechenbuch in Tabellen eingetragen werden, also zuerst der Tausender, dann der Hunderter, der Zehner der Einer (denn das Bewegungsspiel dient der Vertiefung der Lerninhalte – und diese müssen sich mit den Inhalten der Lehrbücher decken)

- Die Schüler dürfen während der Bewegungen mitschreiben

Beispiel: 2 Grätschen, 4 Hüpfer, 1 Stampfer, 5 Klatscher = 2415

Tausender	Hunderter	Zehner	Einer
2	4	1	5

Spiel M6	**„Rückengespräch“**
Klasse:	1 – 6
Fach:	Mathematik
Anzahl:	Klassenstärke
Arbeitsform:	Sitzend auf der Erde oder stehend am Tisch

Die Schüler sitzen zu zweit Rücken an Rücken.
Jeder Schüler hat verdeckt einzelne Zettel mit jeweils einer Rechenaufgabe und einem Stift vor sich.
Die Schüler werden aufgefordert, sich mit ihrem Rücken stumm zu begrüßen.
Ein akustisches Zeichen deutet das Stoppen an.
Die erste Aufgabe beginnt, – die Schüler nehmen einen der verdeckten Zettel, der vor ihnen liegt, rechnen die Aufgabe und schreiben das Ergebnis auf den Zettel.
Das Zeichen setzt dem Rechenvorgang ein Ende, Das stumme Rückengespräch beginnt erneut. Stoppen – nächste Aufgabe rechnen ... usw.
Am Ende des Spiels „erzählen“ sich die Rücken im stummen Rückengespräch noch einmal, wie es ihnen beim Rechnen ging und „belohnen“ sich durch Gcgeneinanderreiben für ihre fleißige Arbeit.
Die Schüler mögen diese variierte Art des Rechnens. Sie erzählen hinterher immer wieder, dass sie sich beim „Rücken-Rechnen“ besser konzentrieren konnten.

Spiel M7	„Rechnen mit dem Körper“
Klasse: Fach: Anzahl: Arbeitsform:	1 – 10 Mathematik Klassenstärke Am Tisch

Das Körperzeichen „Plus“

Das Körperzeichen „Mal“

Das Körperzeichen „Minus“

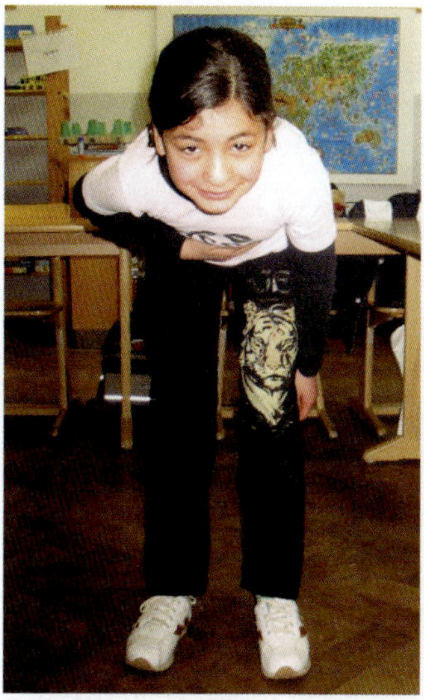

Das Körperzeichen „Geteilt“

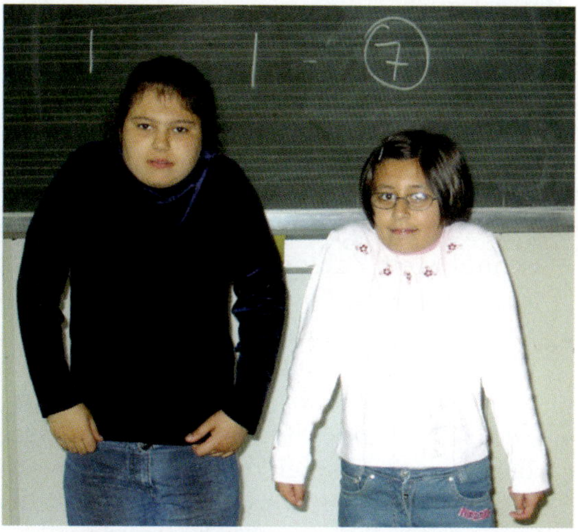

Das Körperzeichen „Gleich“

Für dieses Spiel werden die Körperbewegungen aus dem vorangegangenen Spiel genutzt:

Einer	es wird in die Hände geklatscht
Zehner	es wird mit dem Fuß gestampft
Hunderter	es wird mit geschlossenen Beinen gehüpft
Tausender	es wird mit gegrätschten Beinen gehüpft

Zwei Schüler gehen vor die Tür und verabreden eine Aufgabe, die sie der Klasse über Körperbewegungen vorspielen:
Dabei zeigt der Erste seine Zahl über Körperbewegungen.
Der Zweite macht das Rechenzeichen
und danach die Körperbewegungen für seine Zahl.

Nun ziehen beide Spieler gleichzeitig rhythmisch die Schultern hoch, bis das Ergebnis von einem Schüler (der sich gemeldet hat) gesagt wird:

Das Rechenzeichen +	wird durch Einhaken (sie gehen zusammen)
Das Rechenzeichen -	wird durch Weggehen und Winken des Zweiten
Das Rechenzeichen x	wird durch kreisende Bewegung vor dem Bauch
Das Rechenzeichen :	wird durch waagerecht trennende Handbewegung über dem Bauch, bei gleichzeitigem Bücken

Das Rechenzeichen „Wurzel aus“	wird durch Ziehen an der Nasenwurzel
Das Rechenzeichen =	wird durch gleichzeitiges, wiederholtes Hochziehen der Schultern aller beteiligter Spielpartner dargestellt

Wichtig:

- Das Bewegungsspiel sollte auch mit älteren Klassen zuerst im überschaubaren Zahlenbereich gespielt werden. Die Bewegungen, die Einer, Zehner, Hunderter ... vertreten, sollten bekannt sein
- Alle Bewegungen müssen langsam und großräumig ausgeführt werden, da die Zahlen und Rechenzeichen ansonsten nicht zu raten sind und das Spiel keinen Spaß macht
- Die Zahlen und Rechenzeichen müssen genau in der selben Reihenfolge vorgespielt werden, wie sie auch im Rechenbuch oder im Heft geschrieben werden, also zuerst der Tausender, dann der Hunderter, der Zehner, der Einer (denn das Bewegungsspiel dient der Vertiefung der Lerninhalte – es muss sich mit den Inhalten der Lehrbücher decken und darf nicht zur Verwirrung führen)
- Die Schüler stehen frontal vor der Klasse und spielen die Aufgabe genau so, wie sie im Buch gelesen würde, von links nach rechts (Vertiefung der Lerninhalte)
- Die Schüler dürfen während der Bewegungen mitschreiben

Variation:

- Die Schüler beantworten die Aufgabe über Körperbewegung (Beispiel: drei Hüpfer)
- Die Schüler beantworten die Aufgabe durch Aufschreiben und Hochhalten des Ergebnisses
- Die Schüler beantworten die Aufgabe durch Darstellen des Ergebnisses in Form einer neuen Aufgabe:
  Beispiel
  Spieler 1: drei Hüpfer, ein Stampfer, sechs Klatscher (316)
  Spieler 2: geht weg und winkt („minus“)
  Spieler 2: ein Stampfer, sechs Klatscher (16)
- Mehrere Schüler spielen eine Kettenaufgabe

Spiel M8	„Ergänzen mit dem Körper“
Klasse:	1 – 10
Fach..	Mathematik
Anzahl:	Klassenstärke
Arbeitsform:	Am Tisch

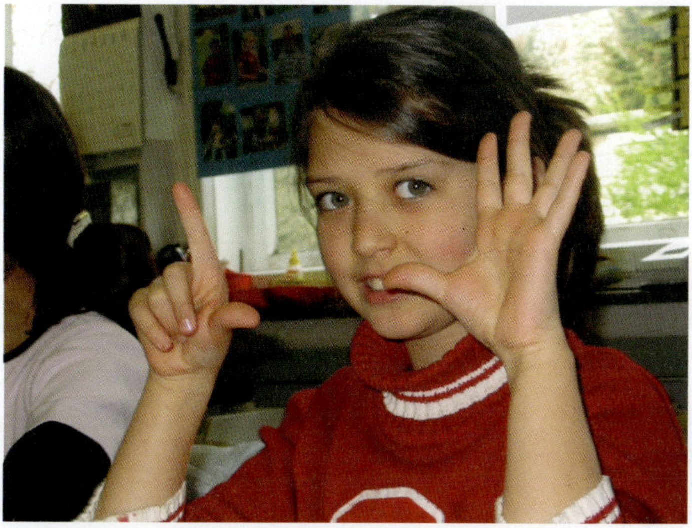

Ein Ergebnis wird mit den Fingern gezeigt

Für dieses Spiel werden die Körperbewegungen aus dem vorangegangenen Spiel genutzt:

Einer	es wird in die Hände geklatscht
Zehner	es wird mit dem Fuß gestampft
Hunderter	es wird mit geschlossenen Beinen gehüpft
Tausender	es wird mit gegrätschten Beinen gehüpft

Zwei Schüler gehen vor die Tür und verabreden eine Aufgabe, die sie der Klasse über Körperbewegungen vorspielen:
Dabei haben sie gemeinsam einen „Familiennamen“ (Zahl).
Sie kommen in die Klasse hinein, stehen dicht nebeneinander und sagen zusammen: „Unser Familienname ist“ ..., dann spielen sie synchron den Familiennamen durch Körperbewegungen vor
(Beispiel: 2 Hüpfer, 2 Stampfer, 2 Klatscher=222).
Nun geht der erste Schüler ein Stück nach vorn und sagt: „Ich heiße“ ... und beginnt seinen Namen zu spielen

(Beispiel 1 Hüpfer, 1 Stampfer, 7 Klatscher=117).
Der Zweite geht nach vorn und fragt: Wie heiße ich?“
Die Mitschüler sind nun aufgefordert, den „Namen“ des zweiten Schülers je nach Abmachung zu nennen, vorzuspielen oder aufzuschreiben.

Variation

- Die Schüler beantworten die Aufgabe über Körperbewegung (hier: 1 Hüpfer, 5 Klatscher)
- Die Schüler beantworten die Aufgabe durch Aufschreiben und Hochhalten des Ergebnisses (hier: 105)
- Die Schüler beantworten die Aufgabe durch Darstellen des Ergebnisses in Form einer neuen Aufgabe
- Die Schüler schreiben sich das Ergebnis (Partner) gegenseitig auf den Rücken

Spiel M9	**„Mathematische Partyspiele“** (Die Bezeichnung kommt von den Schülern)
Klasse:	1 – 10
Fach:	Mathematik
Anzahl:	Klassenstärke
Arbeitsform:	Partnerarbeit am Tisch
Material:	Ein Bierdeckel pro Paar

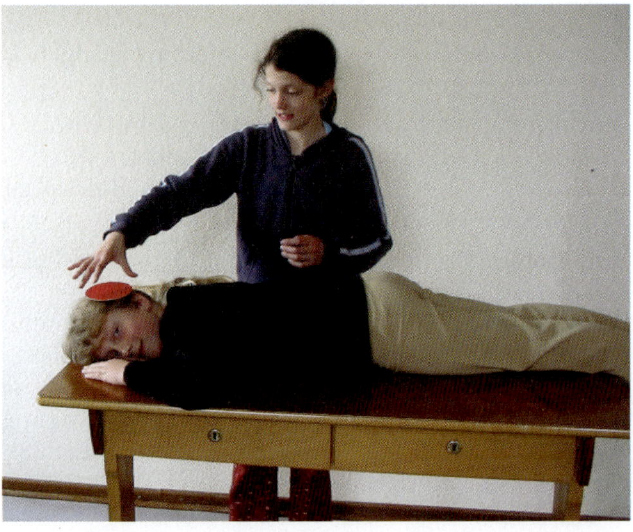

Ein Bierdeckel wird nacheinander auf verschiedene Körperteile aufgelegt – Reihenfolgen sollen erkannt werden

1. Ein Schüler liegt bäuchlings auf dem Tisch. Der Partner legt einen Bierdeckel mit leichtem Druck irgendwo auf die Körperrückseite des Schülers. Der Schüler fasst dort hin. Eine andere Stelle wird auf diese Weise belegt ...
2. Ein Schüler liegt bäuchlings auf dem Tisch. Der Partner legt einen Bierdeckel mit leichtem Druck irgendwo auf die Körperrückseite des Schülers. Der Schüler fasst dort hin und benennt die Stelle zusätzlich. Eine andere Stelle wird auf diese Weise belegt ...
3. Ein Schüler liegt bäuchlings auf dem Tisch. Der Partner legt einen Bierdeckel mit leichtem Druck irgendwo auf die Körperrückseite des Schülers. Der Schüler benennt die Stelle nur noch. Eine andere Stelle wird belegt und benannt ...
4. Ein Schüler liegt bäuchlings auf dem Tisch. Der Partner legt einen Bierdeckel mit leichtem Druck irgendwo auf die Körperrückseite des Schülers, danach auf eine andere Körperstelle. Der Schüler benennt die Stellen der Reihenfolge nach.

Der Partner belegt die Körperrückseite nacheinander an 3 (4, 5, 6 ...) verschiedenen Stellen. Der liegende Schüler benennt sie der Reihenfolge nach.

Achtung: Der Partner, der die Bierdeckel in einer beliebigen Reihenfolge auflegt, muss sich diese Reihenfolge selbst auch genau merken, um eine Kontrolle darüber zu haben, ob der liegende Schüler die Reihenfolge richtig benennen kann.

Spiel M10	**„1x1-Klatschen“**
Klasse:	2 – 4
Fach:	Mathematik
Anzahl:	Klassenstärke
Arbeitsform:	Freies Gehen im Klassenraum

Eine 1x1-Reihe wird verabredet (Beispiel 1x4). Die Schüler gehen durch den Raum, dabei wird jeder Schritt gemeinsam laut gezählt: 1, 2, 3, – bei 4 (8, 12, 16 20, 24, 28, 32, 36, 40) wird zusätzlich in die Hände geklatscht.

Wichtig:

- Besonders jüngeren Schülern fällt es anfangs schwer, pro Zahl nur einen Schritt zu machen. Sie wollen häufig schneller sein und laufen zu einer Zahl mehrere Schritte. Es ist wichtig, die Verbindung ein Schritt – eine Zahl zu üben

- Das alte Kinderspiel „Mutter, Mutter, wie weit darf ich reisen?“ bietet eine gute Grundlage, die Verbindung Schritt – Zahl zu üben

Spiel M11	**„Sekunden-Spiel“**
Klasse:	2 – 4
Fach:	Mathematik
Anzahl:	Klassenstärke
Arbeitsform:	Sitzend oder stehend am Tisch
Material:	Eieruhr, Uhr mit Sekundenzeiger, Stoppuhr

Zehn Sekunden in der Bewegung verharren

Der Spielleiter gibt eine Zeitangabe, die bestimmt, wie lange eine Aufgabe durchgeführt werden soll (eine Minute oder fünf Sekunden ...) Zusätzlich bestimmt er eine durchzuführende Tätigkeit (laufen, hüpfen, erstarren, Armkreisen, Luftboxen, auf Zehenspitzen stehen, auf einem Bein stehen, Grimasse ziehen ...).
Es ist wichtig, dass die Zeitangaben für die jeweilige Altersgruppe überschaubar angegeben werden.
Wer glaubt, dass die Zeit verstrichen ist, setzt sich auf seinen Stuhl.

Variation:
- Junge Schüler zählen zur Hilfe mit, während sie die Zeit mit Bewegung ausfüllen
- Der Spielleiter schreibt die genaue Zeit auf, die der Einzelne schätzt, um später abzugleichen, wer der Zeit am nächsten gekommen ist (dazu sollte er sich vorher eine Tabelle mit den Namen der einzelnen Schüler anfertigen)

Spiel M12	**„1x1-Partnerklatschen"** (Kleines und großes 1x1)
Klasse:	2 – 6
Fach:	Mathematik
Anzahl:	Klassenstärke
Arbeitsform:	Partner stehen sich gegenüber

Beispiel 1x2:
Die Partner stehen sich gegenüber.
Sie klatschen in die eigenen Hände,
rechte Hand klatscht in die rechte Hand des Partners (sie sagen: 2).
Sie klatschen in die eigenen Hände,
linke Hand klatscht in die linke Hand des Partners (sie sagen: 4).
Sie klatschen in die eigenen Hände,
rechte Hand klatscht in die rechte Hand des Partners (sie sagen: 6)
Sie klatschen in die eigenen Hände
linke Hand klatscht in die linke Hand des Partners (sie sagen: 8).
Sie klatschen in die eigenen Hände

Variation:
- Kleines und großes 1x1-Klatschen als Kreisspiel:
  Die Klasse steht im Kreis.
  Klatschabfolge:
  In die eigenen Hände klatschen,
  rechte Handfläche aller Schüler zeigt nach oben,
  linke Handfläche aller Schüler zeigt nach unten – klatschen.
  In die eigenen Hände klatschen,
  rechte Handfläche aller Schüler zeigt nach unten,
  linke Handfläche aller Schüler zeigt nach oben – klatschen.
  Die Klatschabfolge sollte allen Mitspielern so geläufig sein, dass sie keiner größeren Aufmerksamkeit mehr bedarf. Bei jedem Zusammenklatschen mit der Nachbarhand wird eine Zahl des 1x1 benannt.

Spiel M13	**„1x1-Massage“** (Kleines und großes 1x1)
Klasse:	2 – 10
Fach:	Mathematik
Anzahl:	Klassenstärke
Arbeitsform:	Partnerarbeit/die Schüler stehen zu zweit hintereinander

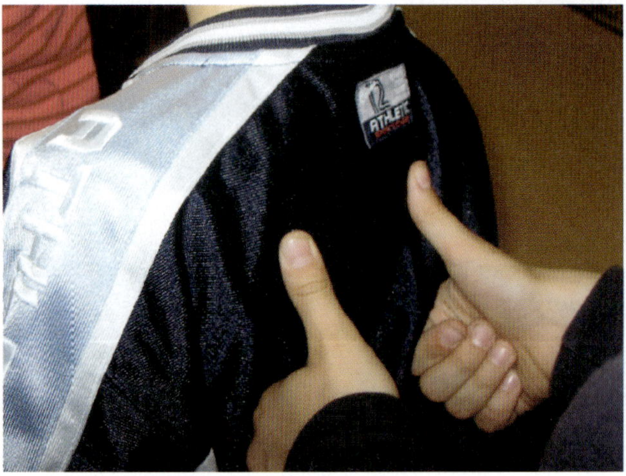

1X2-Reihe

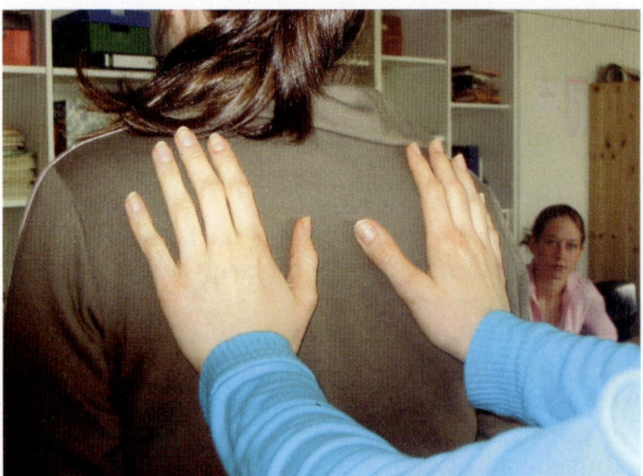

1X3-Reihe

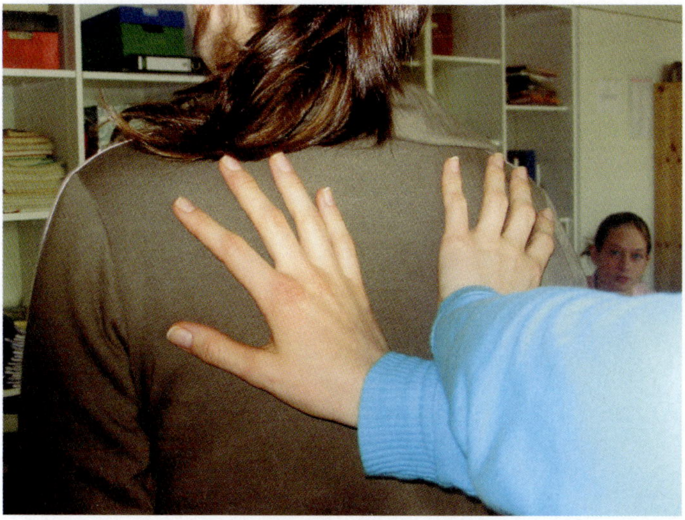

1X4-Reihe

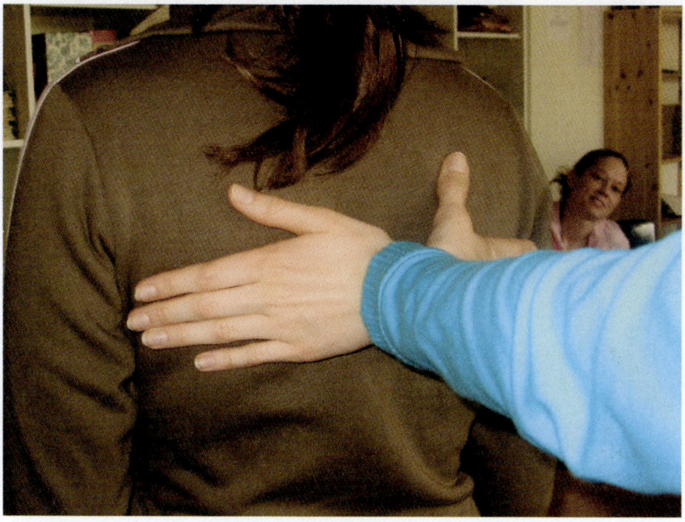

1X5-Reihe

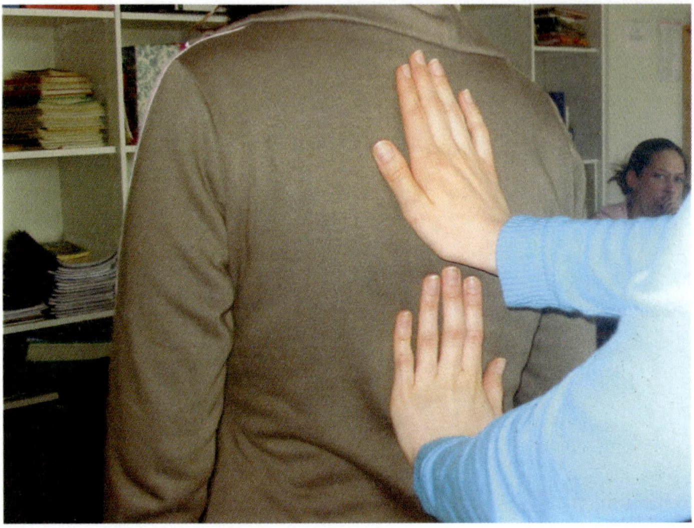

1X6-Reihe

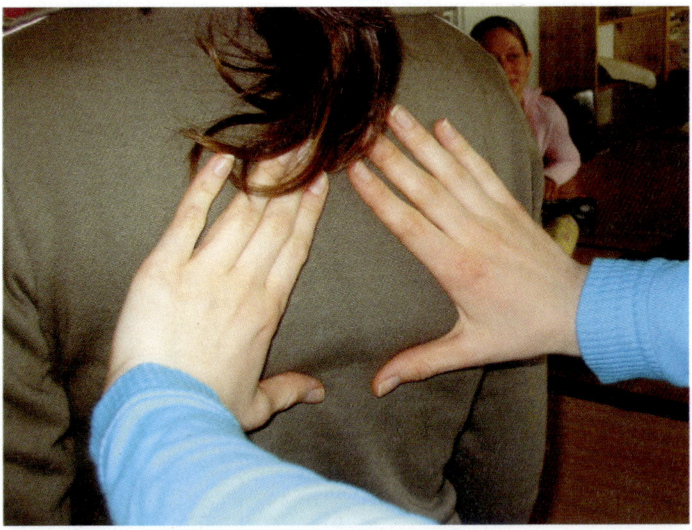

1X7-Reihe

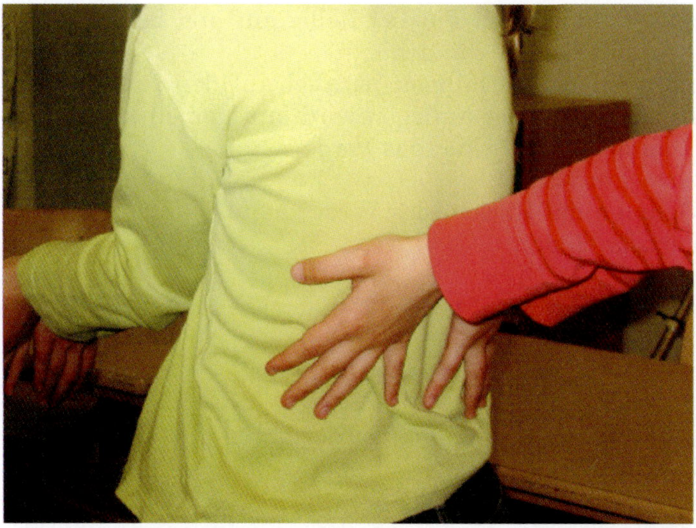

1X8-Reihe

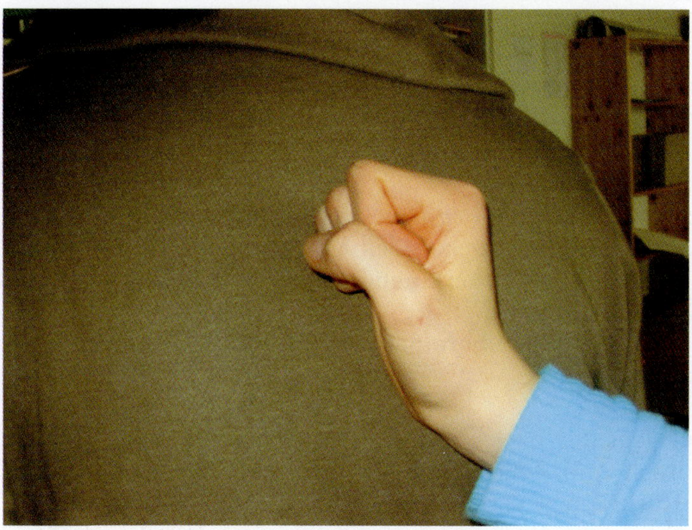

1X9-Reihe

Der hintere Schüler sagt die 1x1-Reihe auf und berührt den Vordermann dabei mit beiden Händen.
Beim **1x2** werden die Daumen parallel auf den Rücken des Vordermanns gelegt, bei jedem Auflegen wird laut gemeinsam gezählt:
„Zwei“ (Daumen auf Rücken des Vordermanns)
Hände zurücknehmen
„Vier“ (Daumen auf Rücken des Vordermanns)
Hände zurücknehmen
„Sechs“ ...
Beim **1x3** werden die Hände parallel nebeneinander flach auf den Rücken des Partners gelegt:
„Drei“ (Hände auf Rücken des Vordermanns)
Hände zurücknehmen
„Sechs“ (Hände auf Rücken des Vordermanns)
Hände zurücknehmen
„Neun“ ...
Beim **1x4** werden die Hände an den Handgelenken überkreuzt auf den Rücken des Vordermanns gelegt:
“Vier“ (Hände überkreuzt auf den Rücken des Vordermanns)
Hände zurücknehmen
„Acht“ (Hände überkreuzt auf Rücken des Vordermanns)
Hände zurücknehmen
„Zwölf“ ...
Beim **1x5** werden die Hände im Winkel von etwa 90° auf den Rücken des Vordermanns gelegt:
“Fünf“ (Hände im 90°-Winkel auf den Rücken des Vordermanns)
Hände zurücknehmen
“Zehn“ (Hände im 90°-Winkel auf Rücken des Vordermanns legen)
Hände zurücknehmen
„Fünfzehn“ ...
Beim **1x6** legt der hintere Spielpartner seine beiden Hände direkt übereinander auf den Rücken des Vordermannes:
„Sechs“ (Hände direkt übereinander auf den Rücken legen)
Hände zurücknehmen
„Zwölf“ (Hände direkt übereinander auf den Rücken legen)
Hände zurücknehmen
„Achtzehn“ ...
Beim **1x7** legt der hintere Spielpartner seine Hände in Dreiecksform (die Daumen und Zeigefinger der beiden Hände bilden ein Dreieck) auf den Rücken des Vordermanns
Beim **1x8** legt der hintere Spielpartner seine Hände mit den Fingern zur Erde zeigend auf den Rücken des Vordermanns

Beim **1x9** legt der hintere Spielpartner seine zur Faust geschlossenen Hände mit der Kleinfingerseite nach unten auf den Rücken des Vordermanns

Beim **1x10** streicht der hintere Spielpartner mit seinen geöffneten Händen bei jedem Zählen den Rücken des Vordermannes von oben nach unten.

Variation für Geübte:

- Variation: Die Klasse spielt das Spiel synchron im Kreis
- Das Spiel lässt sich ebenso gut mit dem großen 1x1 spielen. Es wird verabredet, dass beim **1x11** die Unterarme zusammen mit der Hand aufgelegt werden
  Für das **1x12** die Handinformationen des 1x2, für das **1x13** die Handinformationen des 1x3, für das **1x14** die Handinformationen des 1x4 ... gelten
- Die Hände werden in der jeweiligen Form (s.o. 1x2 bis 1x10) auf den Rücken gelegt. Der Vordermann muss raten, welche 1x1-Reihe gemeint ist
- Es werden Rechenaufgaben auf den Rücken gelegt.

Der Vordermann muss zuerst die erste „aufgelegte“ Zahl erraten und aufschreiben: Beispiel: 6x6, die Hände müssen sechsmal übereinander auf den Rücken gelegt werden. Das Rechenzeichen wird laut gesagt.
Die zweite Zahl wird durch Handauflegen vermittelt.
Nun dreht sich der bisherige „Rückenschreiber“ um und der „Rechner“ gibt ihm das Ergebnis per Handauflegen bekannt. Ist es eine Zahl aus einer 1x1-Reihe, so ist dies relativ einfach zu vermitteln. Ist dies nicht der Fall, muss das Ergebnis in Form einer anderen Aufgabe per Hand aufgelegt werden.
Beispiel A:
Das Ergebnis der Rechenaufgabe ist „zehn“,
d.h. der Spieler streicht einmal über den Rücken oder legt fünfmal seine Daumen parallel auf den Rücken.
Beispiel B:
Das Ergebnis der Rechenaufgabe ist siebzehn,
d.h. der Schüler legt beispielsweise zweimal die Hände direkt übereinander (2x6=12), sagt „plus“ und legt nun einmal die Hände im 90°-Winkel auf.

- Die Schüler stehen im Kreis. Die einzelnen 1x1-Reihen werden als Massage im Kreis bei rhythmischem Sprechen wiederholt.

Wichtig:

- Die beschriebenen Handformen sollten möglichst zeitgleich mit dem Erlernen der jeweiligen 1x1-Reihe verbunden werden – dies gewährleistet Sicherheit, Wiedererkennungsmöglichkeit und daraus motivierende Spielfreude
- Bei späterer gleichzeitiger Einführung mehrerer Handformen müssen diese auch für ältere Schüler auf Bildkarten oder an der Tafel verdeutlicht werden

Spiel M14	**„1x1-Stern"**
Klasse:	2 – 8
Fach:	Mathematik
Anzahl:	Klassenstärke
Arbeitsform:	Je zehn Schüler stehen zusammen im Kreis.

Die Schüler zählen am Anfang einzeln nacheinander im Kreis laut von null bis neun, so dass jeder Schüler weiß, welchen Ziffernamen er hat.
Jeder Schüler verkörpert nun eine Ziffer von 0 bis 9
Die 0 steht für die Zahlen: 0, 10, 20, 30, 40, 50, 60, 70, 80, 90, 100 ...
Die 1 steht für die Zahlen: 1, 11, 21, 31, 41, 51, 61, 71, 81, 91, 101 ...
Die 2 steht für die Zahlen: 2, 12, 22, 32, 42, 52, 62, 72, 82, 92, 102 ...
Die 3 steht für die Zahlen: 3, 13, 23, 33, 43, 53,63, 73, 83, 93, 103 ...
Die 4 steht für die Zahlen: 4, 14, 24, 34, 44, 54, 64, 74, 84, 94, 104 ...
Die 5 steht für die Zahlen: 5, 15,25, 35, 45, 55, 65, 75, 85, 95, 105 ...
Die 6 steht für die Zahlen: 6, 16, 26, 36, 46, 56, 66, 76, 86, 96, 106 ...
Die 7 steht für die Zahlen: 7, 17, 27, 37, 47, 57, 67, 77, 87, 97, 107 ...
Die 8 steht für die Zahlen: 8, 18, 28, 38, 48, 58, 68, 78, 88, 98, 108 ...
Die 9 steht für die Zahlen: 9, 19, 29, 39, 49, 59, 69, 79, 89, 99, 109 ...
Der Schüler, der die erste Zahl der 1x1-Reihe darstellt, hat einen Wollknäuel in der Hand. Er sagt laut seine Zahl (Beispiel: „drei"), behält das erste Stück Wolle fest in der Hand und wirft den Knäuel der nächsten Zahl (Spieler) in der 1x1-Reihe zu. Der Spieler fängt die Wolle auf, sagt laut seinen Namen (Beispiel: „sechs"),
behält das Stück Wolle fest in der Hand und wirft den Knäuel der nächsten Zahl (Spieler) in der 1x1-Reihe zu. Der neue Spieler fängt die Wolle wiederum auf, sagt laut seinen Namen (Beispiel: „neun"),
behält das Stück Wolle fest in der Hand und wirft den Knäuel der nächsten Zahl (Spieler) in der 1x1-Reihe zu ...
Das Spiel wird so lange gespielt, bis die 1x1-Reihe beendet ist (Beispiel 30).

Ein schöner Wollstern entsteht, der bei jeder 1x1-Reihe andersartig ist.

Variation:
- Das Spiel kann rückwärts in der 1x1-Reihe gespielt werden (30, 27, 24, 21, ...)
- Jeder Zahl kann beim rückwärtigen Aufrollen der Wolle etwas Nettes gesagt werden

Spiel M15	**„Schätzen, messen ...“**
Klasse:	2 – 8
Fach:	Mathematik
Anzahl:	Klassenstärke
Arbeitsform:	Partnerarbeit am Tisch oder auf der Erde
Material:	Bierdeckel (möglichst viereckig)

Schätzen, messen ...

Teil 1: Die Schüler bekommen die Aufgabe zu schätzen, „wie viele Bierdeckel“ hintereinander gelegt, ihren Arm, ihr Bein, ihren Bauchumfang, ihre Gesamtgröße ... abdecken.
Die Schätzung wird in einer vorbereiteten Tabelle vermerkt.
Danach wird die Schätzung mit den Bierdeckeln nachgemessen.
Das Ergebnis wird eingetragen.

Die Schüler vergleichen ihre Ergebnisse, indem sie sich nach gemessenen Bierdeckeln in der Reihenfolge nach Armlänge, Beinlänge, Gesamtgröße ... aufstellen.
Teil 2: Die Schüler messen ihr „Messmaß“, den Bierdeckel, mit einem Metermaß aus.
Sie messen die vorher mit Bierdeckeln erarbeiteten Längen der Arme, Beine, Gesamtgröße nach – und tragen das Ergebnis ein.
Nun wird errechnet, ob die Ergebnisse des Bierdeckelmessens mit dem Ergebnis des Metermaßmessens übereinstimmen.
Da dieses Schätzen und Messen die Schüler sehr animiert mehr zu erfahren, kann das Messen erweitert werden, indem
zuerst geschätzt wird, wie viele Schüler etwa in den Raum (der Länge oder Breite nach) passen

- die geschätzte Schülerzahl sich hintereinander in den Raum legt
- danach geschätzt (oder errechnet) wird, wie viele Bierdeckel dies wären, um in den Raum (der Länge oder Breite nach) zu passen
- der Raum mit Bierdeckeln zur Kontrolle ausgemessen wird
- nun errechnet wird, wie lang (breit) der Raum nach Metermaß wäre
- dies nachgeprüft wird
- schließlich genau ausgerechnet wird, wie viele und welche Schüler (verschiedene Gesamtgröße der Schüler) nacheinander in den Raum gelegt werden können – und wie viele Bierdeckel zusätzlich ergänzt werden müssen, um die genaue Länge des Raumes auszufüllen.

Spiel M16	„Rechenkreis“
Klasse:	3 – 6
Fach:	Mathematik
Anzahl:	Klassenstärke
Arbeitsform:	Stuhlkreis

Rechnen im Rechenkreis

Die im Kreis sitzenden Schüler werden nummeriert (richtet sich nach den anwesenden Schülern). Ein zusätzlicher Schüler steht in der Kreismitte. Er ruft zwei Rechenaufgaben nacheinander in die Runde. Die Schüler, deren Nummern mit dem Ergebnis der errechneten Aufgaben übereinstimmen, wechseln so schnell sie können die Plätze. Der in der Mitte stehende Schüler versucht ebenfalls, schnell einen der beiden Plätze zu erhaschen. Wer keinen Stuhl hat, ruft die neuen Aufgaben in den Kreis.

Wichtig:

- Dieses Spiel sollte auch mit älteren Klassen zuerst im überschaubaren Rechenraum (bis 10, 20 ...) gespielt werden, da ungeübte Kopfrechner und Schüler mit kurzer Merkfähigkeit schnell dabei überfordert werden
- Täglich einige Kopfrechenaufgaben sind eine gute Vorübung für das Spiel

Spiel M17	„Rechenjogging“
Klasse: Fach: Anzahl: Arbeitsform:	3 – 8 Mathematik Klassenstärke Stehend am Platz

Rechenjogging

Eine Zahl zwischen 2 und 19 wird ausgemacht und an die Tafel geschrieben. Alle Schüler joggen auf der Stelle. Der Spielleiter ruft eine Zahl. Ist diese Zahl durch die vorher abgemachte Zahl teilbar (2, 3, 4, ... 19), drehen sich die Schüler sofort auf der Stelle. Ist die Zahl nicht teilbar, wird weiter auf der Stelle gejoggt.

Variation:

- Es werden zwei Zahlen vereinbart, z.B. vier und fünf. Wird nun die Zahl 20 gerufen, ist sie durch beide vereinbarten Zahlen teilbar und die Schüler drehen sich

Spiel M18	„Formen legen“
Klasse:	4 – 10
Fach:	Mathematik
Anzahl:	Kleingruppe bis Klassenstärke
Arbeitsform:	Stehend im Raum
Material:	Ein langes Seil

Eine Gruppe von ca. sechs bis zehn Schülern stellt sich in einer Reihe auf.
Jeder bekommt ein Stück von einem langen Seil in die Hand.
Die Gruppe hat die gemeinsame Aufgabe,

- bei geschlossenen Augen aller Mitspieler aus dem langen Seil ein Dreieck zu legen
- bei geschlossenen Augen aller Mitspieler, ohne zu reden, aus dem langen Seil ein Quadrat zu legen
- mit geschlossenen Augen aus einem langen Seil eine Acht zu legen. Ein Spieler fasst dabei das Seil nicht an, hat die Augen offen und gibt den anderen präzise mündlich Anweisungen, wohin sie sich stellen sollen

Zuschauer dürfen bei dem Spiel nicht reden.

Variation:

- Das Legen anderer Formen, Figuren, Symbole und Buchstaben, (z.B. eines Kleeblatts)

Spiel M19	„Zahlen raten mit Handdruck“
Klasse:	4 – 10
Fach:	Mathematik
Anzahl:	Kleingruppe bis Klassenstärke
Arbeitsform:	Partnerarbeit am Tisch

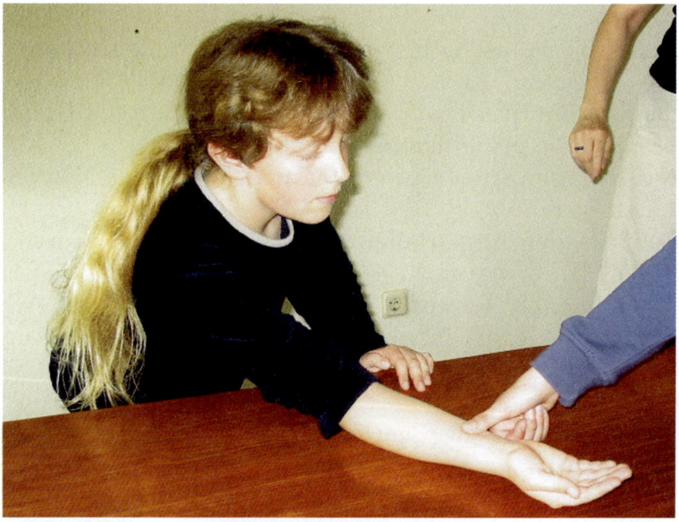

Einer

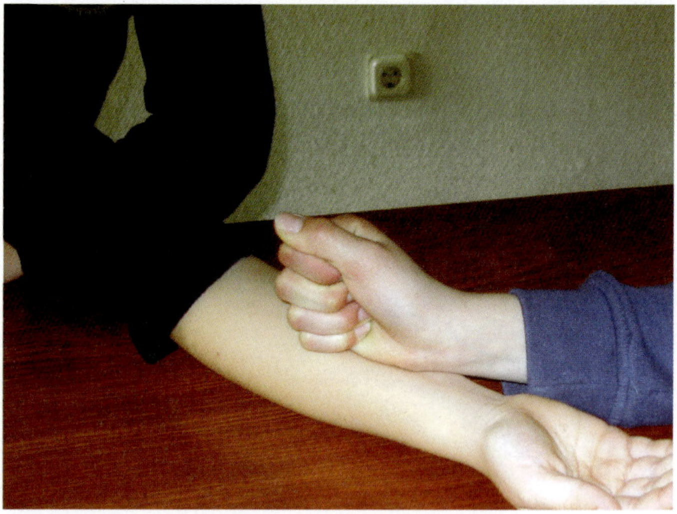

Zehner

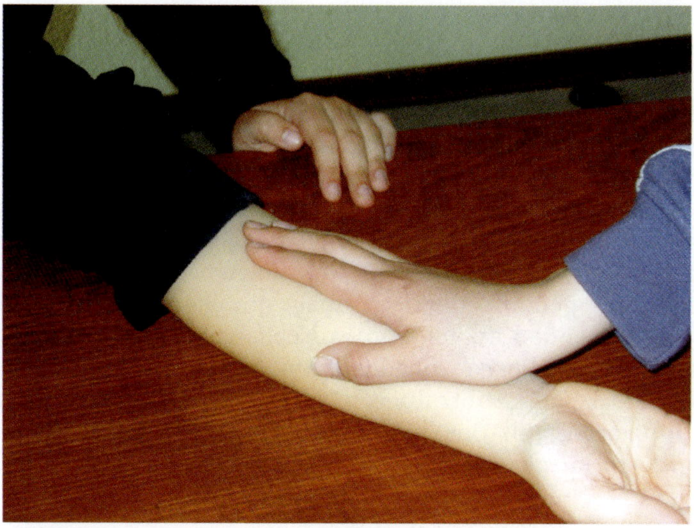

Hunderter

Für dieses Spiel werden verschiedene Handzeichen genutzt:

Einer	mit dem Daumen tippen
Zehner	die untere Seite der Faust auflegen
Hunderter	die ausgestreckte Hand auflegen

Ein Schüler denkt sich eine Aufgabe aus. Der Partner schließt die Augen. Nun drückt der erste Schüler seine Zahl in Form von Handzeichen auf den Arm des Mitspielers. Dieser errät die Zahl.

Wichtig:

- Das Handspiel sollte auch mit älteren Klassen zuerst im überschaubaren Zahlenbereich gespielt werden. Die Handabdrücke, die Einer, Zehner, Hunderter ... vertreten, müssen sicher bekannt sein
- Alle Bewegungen müssen langsam und mit deutlichem Druck ausgeführt werden, da die Zahlen ansonsten zu schwer zu erfühlen sind
- Die Zahlen müssen genau in der selben Reihenfolge vorgespielt werden, wie sie auch im Rechenbuch oder im Heft geschrieben werden, also zuerst der Hunderter, dann der Zehner, der Einer (denn das Handspiel dient der Vertiefung der Lerninhalte – es muss sich mit den Inhalten der Lehrbücher decken und darf nicht zur Verwirrung führen)
- Der ratende Schüler darf während des Fühlens laut sprechen

Variation:

- Die Zahlen werden auf dem Rücken aufgedrückt
- Das Ergebnis wird in einer Fremdsprache beantwortet
- Das Ergebnis wird in Form einer mündlichen Aufgabe genannt (Beispiel: Das Ergebnis ist 56, die mündliche Aufgabe könnte lauten: 40+16)
- Das Spiel kann zum „Rechnen mit Handabdruck“ erweitert werden, indem dem „blinden Schüler“ Aufgaben wie beim Zahlenraten auf den Arm gedrückt werden. Das Rechenzeichen wird entweder auf den Arm gemalt oder laut ausgesprochen. Geübte und ältere Schüler verwenden anstelle eines Rechenzeichens auch Geräusche (Beispiel als „Addieren“ gilt das einmalige Klopfen mit einem Stift auf den Tisch, als „Subtrahieren“ gilt das Rascheln mit Papier, als „Multiplizieren“ gilt das Schnipsen mit dem Finger, als „Dividieren“ gilt ein kurzes Pfeifen)

3.2 Schwerpunkt Deutsch (und Fremdsprachen)

Spiel D/F/M/G1	„Koffer ein- und auspacken“
Klasse:	VK – 6
Fach:	Deutsch, Fremdsprachen, Mathematik, Sachkunde, Gesellschaftskunde
Anzahl:	Gruppe 6 – 12 Schüler
Arbeitsform:	Kreis

Die Schüler stehen im Kreis.
Das alte Spiel „Kofferpacken“ wird gespielt.
Der erste Schüler sagt: „Ich packe (Begriff, z. B. eine Hose) in meinen Koffer.“ Dazu macht er eine entsprechende Bewegung mit dem Körper.
Der zweite Schüler im Kreis wiederholt das Gesagte und die Körperbewegung und ergänzt den Satz mit einem neuen Begriff und einer neuen Bewegung (Beispiel: „Ich packe die Hose in meinen Koffer“, er macht die entsprechende Bewegung dazu ... „und eine Zahnbürste“, er macht eine Bewegung dazu)
Der dritte Schüler wiederholt die genannten Worte mit den dazugehörigen Bewegungen und packt seinerseits noch etwas Neues dazu (Wort/Bewegung).

Je mehr Worte/Bewegungen dazu kommen, umso schwieriger wird das Spiel.
Ist der Koffer vollgepackt, d.h. alle Spieler waren an der Reihe etwas einzupacken, muss er wieder ausgepackt werden.
Der erste Schüler zählt mit entsprechenden Körperbewegungen namentlich in der richtigen Reihenfolge auf, was in den Koffer gepackt wurde, das zuletzt Eingepackte lässt er allerdings aus.
Der zweite Schüler zählt ebenso mit Unterstützungen von Körperbewegungen namentlich in der richtigen Reihenfolge auf, was in den Koffer gepackt wurde, die beiden zuletzt eingepackten Begriffe lässt er allerdings aus.
Der dritte Schüler ...
Das Spiel ist deshalb interessant, da es nicht nur als Gedächtnistraining dient und die Merkfähigkeit schult, sondern auch eine Übung zur Serialität darstellt. Besonders Schüler, die Schwierigkeiten beim Rückwärtszählen oder beim Auf- und Abbau eines Wortes haben, erfahren hierbei eine zusätzliche Übungsmöglichkeit.

Variation:
- Das Spiel wird ohne Worte nur mit Körperbewegungen gespielt
- Das Spiel wird nur beim Auspacken ohne Worte gespielt
- Im Deutschunterricht können Wortarten eingepackt werden (da es bei großen Klassen nicht genügend Wortarten gibt, können diese sich beim Einpacken wiederholen)
- Im Fremdsprachenunterricht können Vokabeln eingepackt werden
- Im Sachunterricht können Städte, Flüsse ... aus bestimmten Ländern eingepackt werden
- In Mathematik können Ziffern, Zahlen, einfache Aufgaben oder auch mathematische Formeln eingepackt werden

Spiel D/F2	**„Schreibmaschine"**
Klasse:	1 – 7
Fach:	Deutsch, Fremdsprachen
Anzahl:	Klassenstärke
Arbeitsform:	Aufstellen im Klassenraum

Es werden mehrere (mindestens zwei) Gruppen gebildet. Jeder Schüler der Gruppe erhält eine Pappe (Papier), auf dem ein Buchstabe aufgemalt ist (ältere Schüler erhalten jeweils mehrere verschiedene Buchstaben). Alle Gruppen erhalten dieselben Buchstaben. Der Spielleiter ruft ein Wort, welches von den Schülern so schnell wie möglich durch richtiges hintereinander Aufstellen und Halten des entsprechenden Buchstabens vor dem Bauch gebildet wird.

Variation:

- Das Spiel kann im Fremdsprachenunterricht zur Übung der Schreibweise eingesetzt werden

Spiel D/F3	**„Blindes Worteschreiben"**
Klasse:	1 – 7
Fach:	Deutsch, Fremdsprachen
Anzahl:	Klassenstärke
Arbeitsform:	Partnerübung am Tisch
Material:	Ein Blatt Papier, ein Stift für zwei Spieler

„Blind" das Wort erspüren

Ein Partner sitzt am Tisch, der andere steht dahinter.
Der sitzende Schüler hat das Papier vor sich und den Stift in der Hand.
Der stehende Schüler legt seine Schreibhand auf die Schreibhand des Partners. Nun schließt er die Augen.
Der Sitzende beginnt (langsam) einen Buchstaben zu schreiben.
Der „Blinde" errät den Buchstaben.

Variation:

- Es wird ein Wort geschrieben und blind erraten
- Das Spiel wird im Fremdsprachenunterricht gespielt
- Geübte Schüler sprechen während des Spiels nicht und schreiben sich in dieser Form in Deutsch oder in einer Fremdsprache abwechselnd Botschaften auf (dies erfordert hohe Konzentration)

Spiel D/F/M/G4	**„Fotografieren"**
Klasse:	1 – 8
Fach:	Deutsch, Fremdsprachen, Mathematik, Sachkunde, Gesellschaftskunde
Anzahl:	Klassenstärke
Arbeitsform:	Partnerarbeit im Raum

Als „Fotoapparat" durch den Raum geführt werden

Ein Schüler wird mit geschlossenen Augen von einem Partner langsam durch den Raum geführt; dabei hat der führende Partner seine Hände auf den Schultern des „Blinden", geht also hinter ihm. Er gibt ihm durch das Umfassen der Schultern Sicherheit.
Vor einem Gegenstand im Klassenraum bleiben sie stehen. Der Führende drückt beidseitig leicht in die Schulter des Schülers und sagt: „Knips"
Auf dieses Zeichen öffnet der „Fotoapparat" kurz die Augen und „fotografiert" den Gegenstand.
Nach drei verschiedenen Fotoaufnahmen gehen die Partner zurück zu ihrem Ausgangspunkt. Dort macht der Führende kreisende Bewegungen auf dem Rücken des Schülers und sagt dazu die Worte: „Entwickeln, entwickeln ..."
Der „Fotoapparat" öffnet die Augen und sagt, was er gesehen hat.

Variation:

- Das Gesehene wird aufgeschrieben
- Es werden Zahlen fotografiert, aus denen eine Aufgabe erstellt wird
- Es werden Rechenaufgaben fotografiert
- Es werden Buchstaben fotografiert, zu denen später Worte geschrieben werden
- Es werden Worte fotografiert, zu denen eine Geschichte erdacht wird
- Es werden Vokabeln fotografiert, die übersetzt, dekliniert, konjugiert werden sollen
- Es werden Städtenamen, Namen von Flüssen ... fotografiert, denen später das entsprechende Land zugeordnet werden soll

Wichtig:

- Junge Schüler spielen zuerst „Schlafwagen" (ein Schüler fasst auf die Schultern des Vordermanns, schließt die Augen und lässt sich führen), um den späteren Anforderungen (vestibulare Anforderung, Vertrauen, Verantwortung) beim „Fotografieren" gerecht werden zu können
- Ältere Schüler, die diese Art von Spielen, die mit Vertrauen und Verantwortungsübernahme zu tun haben, noch nicht genügend geübt haben, beginnen mit kurzen Führungen in bekannten Räumen und dem Fotografieren eines Gegenstands
- Auch für ältere Schüler ist es teilweise sehr schwierig, sich mit geschlossenen Augen führen zu lassen. Ein leichtes Blinzeln in unsicheren Situationen sollte, auch wenn es vom Lehrer bemerkt wird, nicht thematisiert werden. Es deutet in den meisten Fällen auf eine Unsicherheit oder eine Überforderung im Vestibularsystem hin

Spiel D/F/M/G5	Faxgerät“
Klasse:	1 – 10
Anzahl:	Klassenstärke
Fach:	Deutsch, Fremdsprachen, Mathematik, Sachkunde, Gesellschaftskunde
Arbeitsform	Stehend im Raum

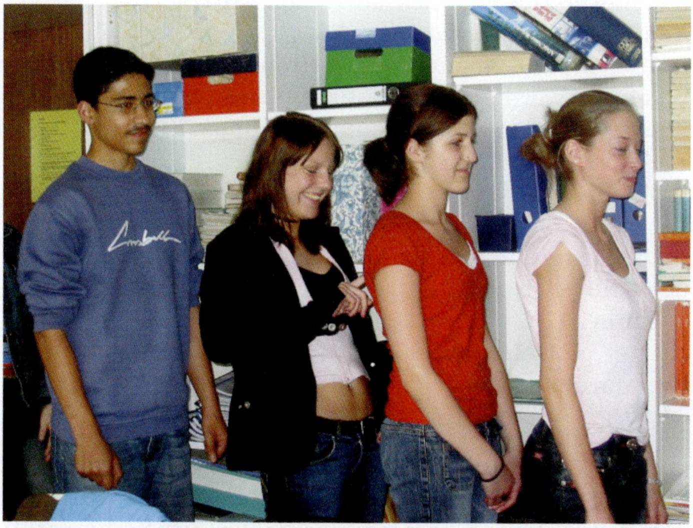

Informationen „faxen“

Drei bis fünf Schüler stehen hintereinander in einer Reihe.
Sie bilden ein „Faxgerät“.
Den Schülern wird erklärt, dass das Faxgerät noch in der Prüfstation der Telekom steht und daher auf besondere Weise reagiert. Wird ein Fax fehlerhaft transportiert, so beginnt das Gerät, dies gleich zu melden. Nicht die einzelnen Stellen (Schüler) des Geräts sind verantwortlich für einen Fehler, sondern die Prüfstelle muss sich um eine Verbesserung kümmern.
Es wird deutlich darauf hingewiesen, dass Faxgeräte nicht sprechen können.
Nun gibt der Spielleiter genaue Anweisung, welche Information das Faxgerät in diesem Durchgang bearbeitet soll (Druckbuchstabe, Zahl, Zeichen, Wort ...).
Der letzte Spieler in der Reihe schreibt stumm eine entsprechende Information auf den Rücken des Vordermanns.

Dieser spürt das Geschriebene und gibt es dementsprechend an seinen Vordermann weiter.
Die Information gelangt auf diese Weise über die einzelnen Spieler zum Vordersten der Reihe.
Hat der Vorderste die Information erhalten, dreht er sich zu seinen Mitspielern um und äußert deutlich, was er gespürt hat. Dabei geht er nacheinander an jedem der Mitspieler vorbei und wiederholt seine Information.
Wurde die Information von den einzelnen Mitspielern ebenso empfunden, nicken sie zu der Äußerung.
Sollte die Information aber an einer Stelle der Kette anders eingegeben oder gefühlt worden sein, beginnt dieser Spieler mit den Schultern zu zucken und laut die Fehlermeldung „Telekom, Telekom" zu sagen.
Alle anderen Spieler der Reihe stimmen in das Schulternzucken ein, denn nun wissen sie, dass ihr Faxgerät „einen technischen Fehler" hat, da die Information nicht richtig vermittelt wurde.
Der Vordermann, der an allen vorbeigegangen ist, steht nun als Letzter in der Reihe.
Der Spielleiter gibt eine neue Information.
Sie wird wiederum von Spieler zu Spieler weitergegeben.

Variation:
- Geübte Schüler geben Silben und kurze Worte weiter
- Eine Rechenaufgabe im niedrigen Zahlenbereich wird weitergegeben. Die Aufgabe wird vom ersten Spieler der Reihe nicht nur gespürt, sondern auch ausgerechnet
- Ein kurzes Fremdwort wird weitergegeben. Der erste Spieler erspürt und übersetzt es
- Der Name einer Stadt wird weitergegeben. Der erste Schüler benennt das Gespürte und ergänzt das dazugehörige Land

Wichtig:
- Hilfreiche Vorübungen sind die Spiele „Grimassen-Kette" (Spiel Ü1) und „Rückentafel" (Spiel Ü7)
- Besonders bei jungen Schülern sollte ein „Faxgerät" zuerst nur aus drei Schülern bestehen
- Es ist sehr wichtig, dass der Spielleiter absolut konkrete Angaben zu den Informationen, die das Faxgerät weitergeben soll, gibt
- Schreibschrift ist zu schwer zu erspüren, im Wortbereich sollte nur in Druckbuchstaben geschrieben werden
- Die Information, dass ein Fehler nicht durch einzelne Schüler verursacht wird, sondern einen „Wartungsfehler der Firma" darstellt,

verhindert das Beschuldigen und Ausschließen einzelner Schüler
- Die Schüler reden nicht, während sie die Information von Rücken zu Rücken weitergeben. Nur zur Kontrolle ist das Benennen der Information möglich. Es wird nicht diskutiert, wer auf welche Weise etwas weitergegeben hat
- Stehen mehrere „Faxgeräte“ im Klassenzimmer, so ist auf eine Struktur durch den Spielleiter zu achten. Alle „Faxgeräte“ bekommen zur selben Zeit die neue Information

Spiel D6	**„A B C, ich geh“**
Klasse:	2 – 4
Fach:	Deutsch
Anzahl:	Klassenstärke
Arbeitsform:	Bewegen im Raum

Der Spielleiter sagt langsam buchstabierend das Alphabet auf (bei geübten Schülern ist das Buchstabieren auch von hinten möglich). Derjenige Schüler, dessen Vornamen (alternativ: Nachnamen, Wohnort, Straße ...) mit dem genannten Buchstaben beginnt, steht auf und beginnt, eine vorher benannte Aufgabe zu erfüllen (geht z.B. in die Pause, holt sich ein Arbeitsblatt und beginnt es zu bearbeiten ...)

Variation:
- hüpft, balanciert, geht rückwärts, krabbelt ... beim Erfüllen der Aufgabe

Spiel D7	**„ABC-Gymnastik“**
Klasse:	2 – 6
Fach:	Deutsch
Anzahl:	Klassenstärke
Arbeitsform:	Stehend vor dem Tisch

Die Schüler stehen neben ihrem Platz.
Der Spielleiter sagt das ABC und bewegt sich zu jedem Buchstaben entsprechend:

A. rechte Hand nach vorn strecken
B. linke Hand nach vorn strecken
C. rechter Daumen in die Luft
D. linker Daumen in die Luft

E. rechter Zeigefinger in die Luft
F. linker Zeigefinger in die Luft
G. rechter Ellenbogen nach vorn
H. linker Ellenbogen nach vorn
I. rechte Hand in rechte Hüfte
J. linke Hand in linke Hüfte
K. rechtes Bein nach vorn
L. linkes Bein nach vorn
M. rechter Hacken ans Gesäß
N. linker Hacken ans Gesäß
O. rechter Fuß seitwärts ans linke Knie
P. linker Fuß seitwärts ans rechte Knie
Q. in die Hocke gehen
R. rechte Hand auf den Boden
S. linke Hand auf den Boden
T. rechte Hand in die Luft
U. linke Hand in die Luft
V. in beide Hände klatschen und sich dabei hinstellen
W. Arme vor dem Körper überkreuzen
X. nach rechts drehen
Y. nach links drehen
Z. hinsetzen

Variation:

- Der Spielleiter benennt einzelne Buchstaben aus dem Alphabet, die Klasse macht die entsprechende Bewegung dazu, z. B. „Z“ = alle setzen sich hin
- Die Schüler stellen mit Hilfe der Körperzeichen „stumme Worte“ dar, die ins Heft geschrieben werden
- alternativ zu den Buchstaben können bestimmte Bewegungen Wortarten oder Zeiten zugeordnet werden

Wichtig:

- Generell bietet es sich an, junge Schüler beim Erlernen der Buchstaben durch entsprechende Handzeichen zu unterstützen.
  In der Zeit des Erlernens von Buchstaben mit Unterstützung von Handzeichen führen o.g. Körperbewegungen zur Verwirrung der Schüler und sollten nicht zusätzlich eingesetzt werden
- Variationen können erst dann gespielt werden, wenn das Alphabet sicher erlernt ist und die Bewegungsfolge vertiefend „erturnt“ wurde

Spiel D/F8	„Bewegte Sätze“
Klasse:	2 – 6
Fach:	Deutsch, Fremdsprachen
Anzahl:	Kleingruppe bis Klassenstärke
Arbeitsform:	Freies Agieren im Raum

Ein „bewegtes“ Wort

Der erste Schüler sagt ein Wort und begleitet dies mit einer entsprechenden Körperbewegung.
Der zweite Schüler setzt den Satz fort, indem er sein ergänzendes Wort ebenfalls durch eine Körperbewegung ergänzt.
Der dritte und alle nächsten Schüler verfahren ebenso.
Möchte ein Schüler einen Punkt setzen, so stampft er mit einem Bein einmal auf der Stelle.

Variation:

- Der Satz wird nur noch durch Körperbewegungen nacherzählt
- Der Satz wird rückwärts erzählt
- Das Spiel wird im Fremdsprachenunterricht gespielt
- Auf diese Weise ist eine ganze Geschichte zu erzählen

Spiel D9	**„Groß-Kleinschreibungs-Gymnastik“**
Klasse:	3 – 6
Fach:	Deutsch
Anzahl:	Klassenstärke
Arbeitsform:	Am Tisch stehend

Der Körper signalisiert: Das Wort wird klein geschrieben

Mehrere Schüler gehen vor die Tür und denken sich zusammen einen Satz aus. Sie kommen in die Klasse und stellen sich frontal zu den Klassenkameraden in einer Reihe auf.
Die anderen Schüler stehen an ihrem Tisch.
Jeder einzelne Schüler sagt nun der Reihe nach sein Wort des Satzes (z.B. „Erwin geht mit seiner Mutter ins Schwimmbad.“)
Während der einzelne Schüler sein Wort sagt, zeigen die Schüler der Klasse jeweils durch Hochrecken oder in die Hocke gehen an, ob das Wort des Satzes groß oder klein geschrieben wird.
Der Spielleiter schreibt den Satz an der Tafel verdeckt mit – alle kontrollieren am Ende, ob ihre Bewegungen mit dem Geschriebenen übereingestimmt haben.

Wichtig:

- Die abschließende gemeinsame Kontrolle der Satzes dient der Vertiefung und Wiederholung von Regeln zur Groß- und Kleinschreibung und sollte nicht ausgelassen werden

Spiel D/F/G10	**„Fehlerstopp"**
Klasse:	3 – 8
Fach:	Deutsch, Fremdsprachen, Gesellschaftskunde
Anzahl:	Klassenstärke
Arbeitsform:	Freies Gehen im Raum

Ein bekanntes Märchen wird vom Spielleiter vorgelesen oder erzählt. Die Schüler gehen während des Vorlesens oder Erzählens schweigend in eigener Geschwindigkeit durch den Raum.
Sobald ein Fehler im Text vorkommt, bleiben alle sofort auf der Stelle stehen. Das Spiel kann auch in zwei Mannschaften gespielt werden. Die Mannschaft, die gewinnt, kann z.B. eine Minute vor Unterrichtsbeginn die Klasse verlassen.

Variation:

- Das Spiel wird in Sach- oder Gesellschaftskunde zur Wiederholung von Lerninhalten gespielt
- Das Spiel wird zu aktuellen Nachrichten gespielt
- Das Spiel wird im Fremdsprachenunterricht in der jeweiligen Fremdsprache gespielt

Spiel D/F11	**„Aufsatztanz"**
Klasse:	3 – 10
Fach:	Deutsch, Fremdsprachen
Anzahl:	Klassenstärke
Arbeitsform:	Am Tisch sitzend, im Raum gehend oder tanzend
Material:	Papier, Stift, Musik

Alle Schüler sitzen an ihrem Platz.
Ranzen und Taschen werden unter die Tische gestellt (Vermeidung von Unfallgefahr).
Auf dem Tisch befinden sich nur ein Blatt Papier und ein Stift (wich-

tig, um späteren Missverständnissen wegen evtl. fehlender Materialien entgegen zu treten!).
Die Schüler bekommen die Anweisung, einen Aufsatz mit freiem Thema zu schreiben. Dabei gilt Folgendes:
„Schreibe zuerst eine Überschrift zu deinem Aufsatz,
dann beginne den Aufsatz zu schreiben. Bemühe dich, gut leserlich zu schreiben.
Wenn du Musik hörst, lege deinen Stift hin, steh auf, schiebe den Stuhl an (Sicherheitsmaßnahme!) und bewege dich nach Belieben (tanzen, hüpfen, drehen ...) nach der Musik im Raum.
Wenn die Musik stoppt, suche dir einen neuen Platz, setze dich hin, lies dir den Anfang des Aufsatzes, den du findest, durch und schreibe ihn weiter.
Wenn Musik beginnt, lege deinen Stift wieder hin, steh auf, schiebe den Stuhl an und bewege dich wie du möchtest durch den Raum.
Stoppt die Musik, suche dir wieder einen neuen Platz, setze dich hin, lies dir den Aufsatz, den du findest, durch und schreibe ihn weiter, bis wieder Musik zu hören ist.
Irgendwann sage ich euch, wenn ihr den Aufsatz, den ihr vorfindet, beenden sollt."
Beim letzten Musikeinsatz bewegen (tanzen, hüpfen, drehen ...) sich alle Schüler zurück zu ihrem Platz und finden ihren Aufsatz vor. Jeder liest sich seinen Aufsatz durch. Danach werden einige der Aufsätze vorgelesen und später für alle zum Nachlesen im Klassenraum oder im Schulflur ausgehängt.

Variation:

- Dies Spiel ist in höheren Klassen auch im Fremdsprachenunterricht einsetzbar

Wichtig:

- Es gibt keine Vorgaben und damit auch keine Bewertung darüber, wie viel der einzelne Schüler in den Musikpausen zu schreiben hat. Jeder Schüler kann die Zeit, die er zum Lesen und Schreiben benötigt, individuell einteilen. Ein kurzer kreativer Satz, vielleicht nur ein einziges passendes Wort, kann einen Aufsatz genauso prägen wie viele beschreibende Sätze
- Die Motivation zum Lesen und Schreiben ist ein sehr wichtiges Merkmal dieses Bewegungsspiels. In kleinen Schritten werden Mut und Freude am Lesen und Schreiben aufgebaut. Gemeinschaftserleben und Steigerung des Selbstwertgefühls lassen Stress beim Schreiben und Lesen in den Hintergrund rücken

Spiel D12	„Wort-Pantomime“
Klasse:	4 – 8
Fach:	Deutsch
Anzahl:	Klassenstärke
Arbeitsform:	Am Tisch sitzend

Zwei Schüler gehen vor die Tür und denken sich ein zu erratendes Wort aus.
Sie kommen in die Klasse und stellen sich frontal zur Klasse auf.
Der erste Schüler klatscht mit seinen Händen die Anzahl der Buchstaben im Wort.
Der zweite Schüler stampft mit dem Fuß die Silben des Wortes.
Zusammen spielen die Schüler nun pantomimisch das Wort vor.
Die restlichen Schüler erraten das Wort, indem Buchstabenzahl und Silbenzahl als Hilfe genutzt werden.

Spiel D/F13	„Märchenwalken“
Klasse:	4 – 8
Fach:	Deutsch, Fremdsprachen
Anzahl:	Klassenstärke
Arbeitsform:	Freies Gehen im Raum

In den voran gegangenen Stunden wurden Märchen (Sagen, Episoden, Geschichten, Bücher ...) mit der Klasse erarbeitet.
Der Spielleiter bereitet Textstellen aus den verschiedenen Märchen (...) vor und legt sie überall im Klassenraum aus.
Die Schüler beginnen nun mit ihrem „Walking“.
Sie gehen schweigend durch den Raum, lesen die verschiedenen Textstellen und versuchen herauszufinden, welche Märchen (...) sich hinter den kurzen Textauszügen verstecken.
Wer ein (oder mehrere) Märchen erraten hat, schreibt es auf. Nach einer vorher bekannt gegebenen Zeit (Eieruhr sichtbar aufstellen) gehen alle an ihre Plätze.

Variation:

- Das Spiel kann auch im Fremdsprachenunterricht eingesetzt werden

Spiel D/F14	„Körpergrammatik 1“
Klasse:	4 – 8
Fach:	Deutsch, Fremdsprachen
Anzahl:	Klassenstärke
Arbeitsform:	Auf dem Stuhl sitzend oder stehend vor dem Tisch

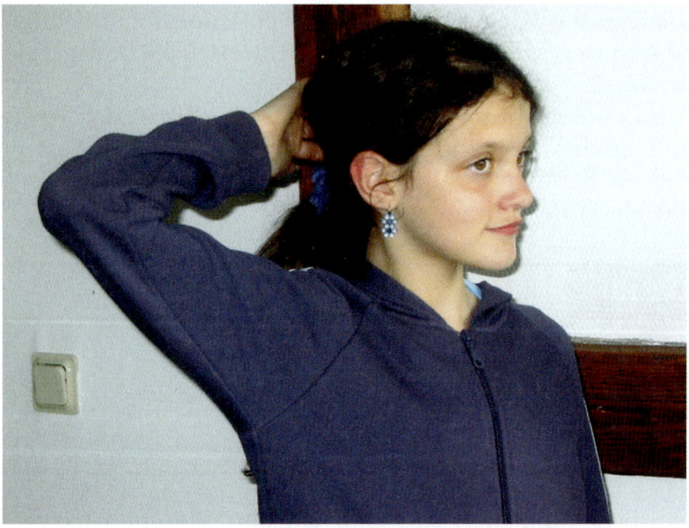

Das Körperzeichen gibt die Antwort: „Ein Adjektiv“

Die Schüler sitzen aufrecht auf dem Stuhl. Die Beine sind geschlossen.
Der Spielleiter ruft ein Wort.
Je nach Wortart wird mit den Händen an verschiedenen Körperteilen geklatscht, z. B.:

Nomen	hinter die Waden
Artikel	über den Kopf
Verb	vor den Bauch
Adjektiv	hinter den Kopf
Präposition	vor die Knie
Pronomen	hinter den Rücken ...

Variation:
- Das Spiel wird im Fremdsprachenunterricht gespielt

Spiel D/F15	„Körperteile “
Klasse:	4 – 6
Fach:	Deutsch, Fremdsprachen
Anzahl:	Klassenstärke
Arbeitsform:	Im Kreis

Die Schüler sitzen im Kreis.
Der erste Spieler erklärt: „Das ist mein Arm“ und zeigt dabei auf seine Nase.
Der zweite Spieler antwortet: „Das ist meine Nase“ und zeigt dabei sein Knie.
Der dritte Spieler führt fort: „Das ist mein Knie“ und zeigt dabei auf sein Ohr.
Der vierte ...

Variation:
- Das Spiel wird im Fremdsprachenunterricht gespielt

Spiel D/F16	„Erwischen“
Klasse:	5 – 9
Fach:	Deutsch, Fremdsprachen
Anzahl:	Jeweils 2 – 8 Schüler (und ein Spielleiter)
Arbeitsform:	Am Tisch

Wortarten „erwischen“ im Lateinunterricht

Zwei Schülergruppen sitzen oder stehen sich am Tisch gegenüber. Alle legen die Hände in die Mitte des Tisches.
Jede der Mannschaften verkörpert eine oder mehrere Wortarten (Verb, Adjektiv, Nomen, Präposition ...)
Ruft der Spielleiter ein Wort, versuchen die Spieler der Mannschaft, denen diese Wortart zuzuordnen ist, den Spielern der anderen Mannschaft auf die Hände zu schlagen. Diese Spieler weichen durch schnelles Zurückziehen der Hände aus. Wer nach einigen Durchgängen die meisten Treffer erzielt hat, ist Sieger.

Variation:
- Dieses Spiel ist auch im Fremdsprachenunterricht einsetzbar

Spiel D/F17	**„Körpergrammatik 2“**
Klasse:	5 – 9
Fach:	Deutsch oder Fremdsprachen
Anzahl:	Klassenstärke
Arbeitsform:	Stehend am Tisch

Die Schüler beantworten die Aufgabe mit dem Strecken der Arme

(Die Schüler beantworten die Frage mit dem Strecken der Arme)
Der Spielleiter sagt einen Satz (Beispiel: „Der Junge sitzt im Wasser.“).
Jetzt wird jedes einzelne Wort des Satzes einzeln nacheinander gesprochen („Der“, „Junge“, ...).
Je nach Wortart machen die Schüler eine vorher abgesprochene Bewegung:

Nomen:	sie stellen sich hin
Adjektiv:	sie stehen auf einem Bein
Verb:	sie joggen auf der Stelle
Artikel:	sie strecken die Arme in die Luft
Präposition	...

Variation:
- Das Spiel wird im Fremdsprachenunterricht gespielt
- Das Spiel wird mit Satzteilen gespielt
- Der Kasus wird erkannt

Beispiel:

Nominativ:	mit Finger schnipsen
Genitiv:	in die Hand klatschen
Dativ:	auf den Tisch klopfen
Akkusativ:	Hände reiben

Spiel D/F18	„Körpergrammatik 3“
Klasse:	5 – 9
Fach:	Deutsch oder Fremdsprachen
Anzahl:	Klassenstärke
Arbeitsform:	Stehend am Tisch

Der Spielleiter sagt Verben in verschiedenen Zeitformen.
Die Schüler reagieren mit einer Körperbewegung darauf.
Beispiel:

Präsens:	Schlusssprung
Imperfekt:	einen Schritt rückwärts
Plusquamperfekt:	zwei Schritte rückwärts
Perfekt:	eine Drehung
Futur:	einen Schritt vorwärts
Futur II:	zwei Schritte vorwärts

Variation:

- Das Spiel wird im Fremdsprachenunterricht gespielt

Spiel D/F19	„Erzähl mal“
Klasse:	5 – 9
Fach:	Deutsch oder Fremdsprachen
Anzahl:	Klassenstärke
Arbeitsform:	Freies Gehen im Raum

Es werden Bildkarten mit verschiedenen Motiven ausgeteilt.
Jeder Schüler erhält eine Bildkarte mit einem Motiv, z.B. einer Blume.
Zur Musik bewegen sich die Schüler beliebig im Raum.
Musikstopp – zwei Schüler treffen sich.
Sie beschreiben mit Worten gegenseitig – vorerst ohne dem Anderen das Motiv zu zeigen – ihr Bild. Dabei dürfen sie die Bezeichnung des Motivs selbst nicht benutzen, sondern müssen es beschreiben.

Der Partner errät es.
Danach werden die Bilder getauscht. Jeder Schüler bewegt sich zur Musik mit seinem neuen Motiv. Musikstopp ...

Variation:
- Jeder Schüler erhält eine Bildkarte mit einer Begebenheit, z.B. ein Mann, der sein Auto repariert
- Jeder Schüler erhält eine Bildkarte mit Gesichtsausdruck, z.B. ein wütendes Gesicht
- Das Spiel wird im Fremdsprachenunterricht in der jeweiligen Sprache gespielt

Spiel D/F20	**„Blindenführer“**
Klasse:	5 – 9
Fach:	Deutsch oder Fremdsprachen
Anzahl:	Klassenstärke
Arbeitsform:	Freies Bewegen im Schulhaus

Das Spiel „Blindenführer“ kann bei jüngeren Schülern zuerst mit zwei Begleitern eingeführt werden

Die Schüler führen sich gegenseitig blind (unterhakend oder umfassend – dem „Blinden“ deutliche Sicherheit geben) durch das Schulgebäude.

Dabei geben sie genaue Anweisungen: „Achtung, es kommt eine Stufe!“ ... „Kannst du fühlen, was an der Seite hängt?“ ... „Merkst du, wonach es hier riecht?“ ...

Variation:

- Das Spiel wird im Fremdsprachenunterricht in der jeweiligen Sprache gespielt

Wichtig:

- Auch für ältere Schüler ist es teilweise sehr schwierig, sich mit geschlossenen Augen führen zu lassen. Ein leichtes Blinzeln in unsicheren Situationen sollte, auch wenn es vom Lehrer bemerkt wird, nicht thematisiert werden. Es deutet in den meisten Fällen auf eine Unsicherheit oder eine Überforderung im Vestibularsystem hin
- Ich rate dringend davon ab, den Schülern die Augen bei diesen Spielen zu verbinden. Es kann – altersunabhängig – bei einigen Schülern zu Angst- oder Aggressionsreaktionen führen (Reaktion auf Hirnstammebene)
- Schüler, die diese Art von Spielen, die mit Vertrauen und Verantwortungsübernahme zu tun haben, noch nicht genügend geübt haben, beginnen mit kurzen Sequenzen. Zudem sollten die Spiele zuerst in einem überschaubaren Raum stattfinden

Spiel D/F21	„Wer bin ich“
Klasse:	5 – 10
Fach:	Deutsch oder Fremdsprachen
Anzahl:	Klassenstärke
Arbeitsform:	Gehen im Raum

Der Spielleiter klebt jedem Spieler eine Wortkarte auf den Rücken (oder auf die Stirn).
Auf den Wortkarten befinden sich Namen von Personen aus der Geschichte, aus dem Lebensbereich, von einem Gegenstand.
Die Spieler gehen bei Musik durch den Raum.
Sie wissen nicht, wer oder was sie sind.
Bei Musikstopp treffen sich zwei Spieler.
Sie stellen sich gegenseitig Fragen, um zu erraten, wen sie selber darstellen.
Die Fragen dürfen nur in der Weise gestellt werden, dass sie mit „ja“ oder „nein“ zu beantworten sind (Beispiel: „Bin ich eine Frau?“, ... „Lebe ich heute noch?“, ... „Bin ich aus dem Showgeschäft?“ ...)
Wird die Frage mit „nein“ beantwortet, darf dem derzeitigen Spielpartner keine weitere Frage mehr gestellt werden.
Bei Musik trennen sich die Partner wieder.
Sie bewegen sich durch den Raum und tauschen bei erneutem Musikstopp mit einem anderen Spieler Fragen und Antworten aus.

Wer erraten hat, wen er darstellt, klebt seine Karte vorn auf den Bauch.

Variation:
- Das Spiel wird im Fremdsprachenunterricht in der jeweiligen Sprache gespielt

Spiel D/F22	**„Geschichts-Memory“**
Klasse:	5 – 10
Fach:	Deutsch, Fremdsprachen, Sachkunde
Anzahl:	Klassenstärke
Arbeitsform:	Freies Stehen im Raum

Zwei Schüler gehen vor die Tür.
Sie sind ein Team.
Die im Raum verbleibenden Schüler verabreden jeweils zu zweit, welche Figur aus der Geschichte sie darstellen wollen (Caesar, Napoleon ...).
Alle verteilen sich im Raum.
Die ratenden Schüler kommen herein.
Ihre Aufgabe ist es über Fragen herauszufinden, welche Personen im Raum zusammengehören bzw. die gleiche Person verkörpern.
Sie tippen einen Spieler beliebig an und stellen ihm jeweils eine Frage.
Diese darf nur mit einem Wort beantwortet werden.
Im Anschluss daran tippen sie einen zweiten Spieler an und stellen dieselbe Frage (Beispiel: „Wo hast du gewohnt,“ ... „Was war dein Beruf“ ...).
Werden die gleichen Personen gefunden, geht das Paar an den Rand des Spielfelds.

Variation:
- Von „Profis“ wird das Spiel in einer Fremdsprache gespielt
- Soll das Spiel im Schwierigkeitsgrad gesteigert werden, so vermischen sich nach jeder einzelnen Rateeinheit die „Karten“ (Spieler auf dem Spielfeld) neu
- Zur Verwirrung der ratenden Schüler bleiben alle Spieler, auch die schon erkannten, bis zuletzt auf dem Spielfeld

Wichtig:
- Dieses Spiel kann schwierig für die Ratenden gestaltet werden, indem die Spieler die Möglichkeit haben, ihr vielfältiges Wissen über einzelne historische Personen in das Spiel einzubringen. Den

Ratenden wird das Finden der Lösung z.B. dadurch erschwert, dass die meisten historischen Personen an verschiedenen Orten wohnten, größtenteils verschiedene Berufe ausübten ...)

- Je öfter das Spiel im Unterricht eingesetzt wird, desto einfallsreicher und unterrichtsintensiver gehen die Schüler mit Lerninhalten um

3.3 Schwerpunkt: Fremdsprachen

Spiel F1	„Übersetzen“
Klasse:	5 – 10
Fach:	Fremdsprachen
Anzahl:	Kleingruppe bis Klassenstärke
Arbeitsform:	Zwei Mannschaften, sitzend am Tisch oder sich bewegend im Raum

Das pantomimisch gespielte Wort soll in lateinischer Sprache benannt werden

Der Spielleiter zeigt Mannschaft A ein Wort in der jeweiligen Fremdsprache.
Die Mannschaft spielt das Wort pantomimisch vor.
Mannschaft B versucht das Wort zu erraten und schreibt es an die Tafel.

Variation:

- Anstelle eines Wortes wird ein Satz zum Vorspielen gezeigt
- Anstelle eines Wortes wird eine Kurzgeschichte zum Vorspielen gezeigt
- Mannschaft B benennt das Wort in Deutsch
- Mannschaft B beschreibt das Wort in der jeweiligen Sprache

Spiel F2/M/G2	**„Wissenspolonaise“**
Klasse:	5 – 10
Fach:	Fremdsprachen, Mathematik, Sachkunde, Gesellschaftskunde
Anzahl:	Klassenstärke
Arbeitsform:	Stehend im Klassenraum oder auf dem Schulflur

Die Schüler stehen sich in zwei Reihen jeweils partnerweise gegenüber.
Ihr Abstand beträgt etwa zwei bis vier Meter.
Der Spielleiter ruft ein Wort in deutscher Sprache.
Der Spieler, der das Wort zuerst richtig übersetzt, geht einen „Schritt“ nach vorn in Richtung seines Spielpartners.
Als „Schritt“ gilt das direkte Vorsetzen des Fußes vor den anderen (dabei berührt der Hacken des einen Fußes die Fußspitze des anderen Fußes).
Die Partner, die sich zuerst treffen, sind Sieger.

Variation:

- Die Entfernung wird auf sechs Meter erweitert
- Ein Satz soll übersetzt werden
- Kopfrechenaufgaben sind zu errechnen
- Inhaltsfragen zu Sachthemen anderer Unterrichtsfächer sind zu beantworten

Spiel F3	„Englische (französische ...) Begleitung“
Klasse:	5 – 10
Fach:	Fremdsprachen
Anzahl:	Klassenstärke
Arbeitsform:	Gehend im Klassenraum

Die Schüler führen sich gegenseitig blind durch den Klassenraum. Der Führende gibt in der jeweiligen Fremdsprache die Anweisung, was getan werden soll, z.B. etwas berühren, sich umdrehen, geradeaus gehen, still stehen, lauschen, jemanden begrüßen ...

Wichtig:

- Siehe Anmerkungen zum „Blindenführer“, Spiel D/F19

Spiel F4	„Grammatik-Klatschspiel
Klasse:	5 – 10
Fach:	Fremdsprache
Anzahl:	Klassenstärke
Arbeitsform:	Paarweise, stehend im Raum

Die Schüler stehen sich paarweise gegenüber.
Der Spielleiter hat die Aufgabe, nacheinander Verben zu benennen.
Es werden bestimmte Klatschzeichen zu den verschiedenen grammatischen Formen vereinbart:

- Sich gegenseitig parallel in die Hände zu klatschen, bedeutet:
  1. den Infinitiv des Verbs zu benennen.
  Diese Klatschform gilt also immer als erste Bewegung bei allen Verben, z.B. bei „to go“ oder „to laugh“
  2. die Kennzeichnung der regelmäßig zu steigernden Verben.
  Sowohl das Präteritum als auch das Partizip Perfekt werden in der Weise geklatscht, z.B. Beispiel „laughed, laughed“
- Die eigenen Hände zu überkreuzen und auf die gegenüberliegenden Schultern zu fassen, markiert das Präteritum eines unregelmäßigen Verbs, z.B.“ went“
- Die Hände parallel auf die Oberschenkel zu klatschen, bezeichnet das Partizip Perfekt eines unregelmäßigen Verbs, z.B. „gone“

Variation:

- Die Schüler bekommen die Aufgabe, zehn Verben, die an der Tafel stehen, als Klatschspiel zu erarbeiten, wobei die Verben in ihren jeweiligen grammatischen Formen laut gesprochen werden

3.4 Schwerpunkt: Fächer übergreifende Spiele

Forscher fanden heraus, dass Lachen die Durchblutung verbessert und Herz-Kreislauferkrankungen vorbeugt.
Lachen dehnt und erweitert das Endothel[3] und hält uns dadurch gesund.[4]
Kinder lachen durchschnittlich 400-mal am Tag, Erwachsene nur noch 15-mal.
Spiel und Bewegung bieten hervorragende Möglichkeiten, das Lachen zu pflegen und zu genießen.

Spiel Ü1	**„Grimassen-Kette“**
Klasse:	VK – 2
Fach:	Fächer übergreifend
Anzahl:	Klassenstärke
Arbeitsform:	Zu viert, fünft oder sechst hintereinander stehend

Die Schüler stehen in einer Reihe hintereinander.
Der letzte Spieler in der Reihe beginnt.
Er tippt seinem Vordermann auf den Rücken, dieser dreht sich zu ihm um.
Der letzte Spieler zieht eine Grimasse.
Der Vordere macht die Grimasse nach, dreht sich wieder nach vorn, tippt seinen Vordermann an, um die Grimasse stumm weiter zu geben.
Der Spieler übernimmt die Grimasse und gibt sie wiederum weiter, bis sie beim ersten Spieler angekommen ist.

---

3 Das Endothel ist das Gewebe, das die Blutgefäße von innen auskleidet und u.a. den Blutfluss und den Innendruck der Gefäße reguliert

4 Baby und Familie (2005): Studie University of Maryland, S. 6

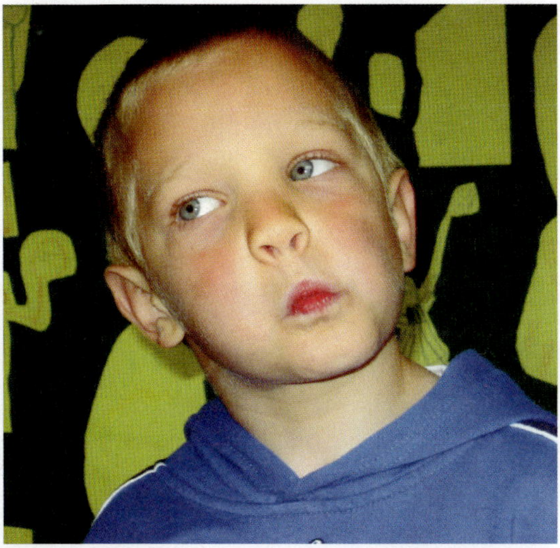

Der Spieler gibt die Grimasse weiter

Dieser dreht sich um, geht von vorn bis hinten an jedem Mitspieler der Reihe vorbei und zieht dabei seine Grimasse.
Zur stummen Antwort reagieren die stehenden Spieler ebenfalls mit dieser Grimasse.

Wichtig:
- Dies Spiel bietet besonders für jüngere Schüler eine hilfreiche Vorübung für das Spiel „Faxgerät“ (Spiel D5)

Spiel Ü2	**„Rückenmassage“**
Klasse:	1 – 10
Fach:	Fächer übergreifend
Anzahl:	Klassenstärke
Arbeitsform:	Partnerarbeit, zu zweit stehend

Genuss bei der Rückenmassage

Ein Schüler steht hinter dem anderen. Er massiert ihm den Rücken.

Variation:

- Das Spiel kann im Liegen gemacht werden
- Verschiedene Rückenspiele werden dabei gemacht
- Verschiedene Gegenstände werden zur Massage benutzt (Bleistift, Radierer, Mäppchen, Bierdeckel, Tennisball, Igelball ...)
- Verschiede Texte werden rhythmisch, begleitend zur Massage, gesprochen

Spiel Ü3	**„Wochentagssport“**
Klasse:	1 – 6
Fach:	Fächer übergreifend
Anzahl:	Klassenstärke
Arbeitsform:	Materialtransport vom Schülertisch zur Tafel

Materialtransport am Dienstag

Verlassen die Schüler ihren Platz, um etwas vorzuzeigen oder um ihren Stift anzuspitzen, transportieren sie ihre Hefte und Materialien je nach Wochentag auf eine ganz bestimmte Art und Weise.

Beispiel:

- Montags wird alles auf dem Kopf transportiert
- Dienstags wird alles hüpfend zwischen den Knien transportiert
- Mittwochs wird alles unter das Kinn geklemmt
- Donnerstags wird alles von einer Hand in die andere geworfen
- Freitags wird das Material unter den Arm geklemmt, es wird auf Zehenspitzen gegangen und nach jedem dritten Schritt dreht man sich einmal um sich selbst

Spiel Ü4	„Löffelfechten“
Klasse:	1 – 8
Fach:	Fächer übergreifend
Anzahl:	Klassenstärke
Arbeitsform:	Zu zweit am Tisch
Material:	Esslöffel, Radierer

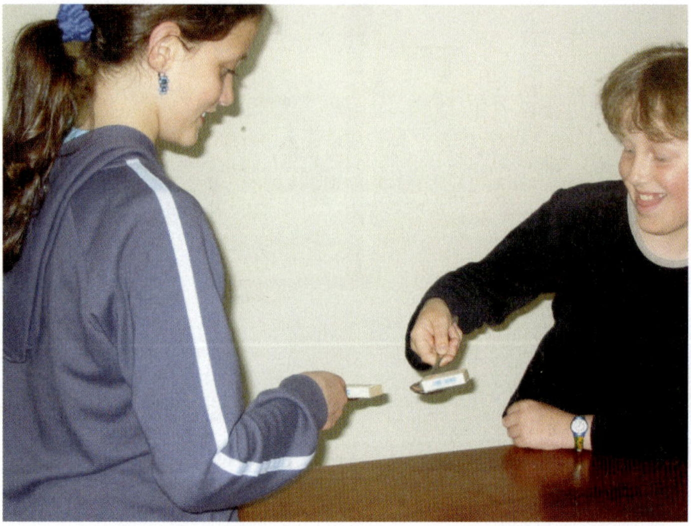

Wer behält den Radierer auf dem Löffel ...?

Zwei Spieler sitzen sich jeweils gegenüber.
Jeder Spieler bekommt einen Esslöffel und einen Radiergummi.
Die Radiergummis werden auf die Löffel gelegt.
Die Aufgabe der Spieler besteht nun darin, den Radierer des Mitspielers vom Löffel zu werfen, ohne seinen eigenen Radierer dabei zu verlieren.

Variation:

- Das Spiel wird dadurch erschwert, dass mit der „Nicht-Schreibhand“ gefochten wird

Spiel Ü5	„Spiegel“
Klasse:	1 – 8
Fach:	Fächer übergreifend
Anzahl:	Klassenstärke
Arbeitsform:	Paarweise im Stehen

Du bist mein „Spiegel“

Die Schüler stehen einander gegenüber.
Ein Schüler übernimmt stumm das Kommando, indem er beginnt, langsam ein Körperteil zu bewegen.
Der Partner übernimmt spiegelnd die Bewegung des Mitschülers.
Die Bewegungen können in alle Richtungen ausgeführt werden.
Langsam werden Arme, Beine, Rumpf, Kopf, Zunge bewegt und das Spiegelbild macht das Gleiche.

Variation:
- Der Schüler beginnt langsame Bewegungen, bei denen mehrere Körperteile zur gleichen Zeit beteiligt sind
- Es werden Zeichen, Zahlen oder Buchstaben mit Körperteilen gespiegelt
- Das Spiel kann erschwert werden, indem beide Partner während des Spieles ein Buch auf dem Kopf balancieren
- Die Geschwindigkeit wird gesteigert

Spiel Ü6	„Zielscheibe“
Klasse:	1 – 10
Fach:	Fächer übergreifend
Anzahl:	Kleingruppe bis Klassenstärke
Arbeitsform:	Freies Arbeiten im Klassenraum

Entsprechend der Anzahl der Schüler werden Zielscheiben aus Papier in DIN A 3 Format an Wänden, Türen oder Tafel der Klasse befestigt.
Jede Zielscheibe enthält Ringe mit entsprechenden Punktangaben.
Die Schüler stellen sich in Gruppen vor ihrer Zielscheibe auf.
Von einer ca. 5 – 6 Meter entfernten Linie aus startet der erste Schüler mit geschlossenen Augen.
Mit ausgestrecktem Arm und Finger soll er die Scheibe möglichst in der Mitte treffen.

Variation:

- Jüngere Schüler versuchen, das Spiel zuerst mit offenen Augen zu spielen
- Es kann abgemacht werden, dass die Mitspieler den Blinden durch Rufen unterstützen
- Bei geübten Spielern kann versucht werden, den Blinden bewusst durch Zurufen zu verwirren

Wichtig:

- Es ist ratsam, nicht mehr als vier Schüler in eine Gruppe zu nehmen, da das Spiel sonst schnell langweilig für die Wartenden wird
- Die Zielscheiben können im Unterricht von den Schülern selbst angefertigt werden.
- Je jünger die Schüler sind, umso kürzer sollte die Entfernung zur Zielscheibe sein

Spiel Ü7	**„Rückentafel“**
Klasse:	1 – 10
Fach:	Fächer übergreifend
Anzahl:	Klassenstärke
Arbeitsform:	Partnerweise sitzend oder stehend

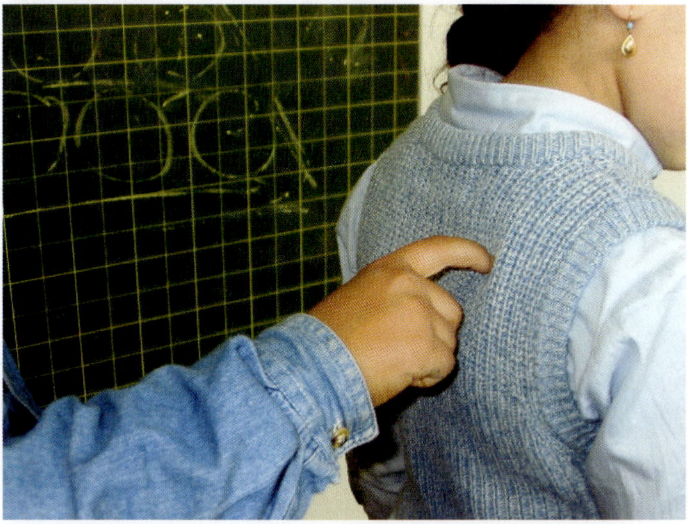

Rückentafel

Die Schüler sitzen oder stehen paarweise hintereinander.
Der hintere Spieler zeichnet dem Vordermann mit dem Finger eine Form auf den Rücken. Der Vordere errät die Form.

Variation:

- Es wird ein Buchstabe auf den Rücken des Vordermanns geschrieben
- Es wird ein Wort auf den Rücken des Vordermanns geschrieben
- Es wird eine Zahl auf den Rücken des Vordermanns geschrieben
- Es wird eine Rechenaufgabe auf den Rücken des Vordermanns geschrieben
- Es wird ein Bild auf den Rücken des Vordermanns gezeichnet

Wichtig:

- Dies Spiel ist eine geeignete Vorübung zum Spiel „Faxgerät“, Spiel D5

3.5 Mini-Sport-Bewegungen zur Unterstützung des Unterrichts

„Mach mal Pause“

„Mach mal Pause!“
Der menschliche Körper, besonders das Gehirn, ist nicht für Dauerbetrieb und ständige Höchstleistung ausgelegt. Mit bestimmten Erkennungszeichen macht uns der Körper auf sein Bedürfnis nach notwendiger Erholung aufmerksam. Hinweise zeigen sich z.B. im Verlangen

- sich zurück zu lehnen
- sich zu recken
- zu gähnen oder zu seufzen
- Gedanken abschweifen zu lassen ...

Werden die Zeichen nicht beachtet, reagiert der Körper mit der Ausschüttung bestimmter Botenstoffe, die es ihm ermöglichen, auch ohne Pause weiter zu arbeiten. Geschieht dies wiederholt, entsteht Stress und die Leistungsfähigkeit nimmt deutlich ab.
Bieten wir dem Körper Entspannung und Bewegung an, können wir erfrischt und mit neuer geistiger Kraft zurück an die Arbeit gehen.

Spiel S1	„Laurentia“
Klasse:	VK – 4
Fach:	Fächer übergreifend
Arbeitsform:	Am Tisch oder im Raum
Ziel:	Herz-Kreislauf-Aktivierung, Koordination, Kräftigung der Muskulatur

„Laurentia ...“

Alle Schüler singen gemeinsam das Lied von Laurentia (auch Sprechgesang ist möglich).
Bei dem Namen Laurentia und bei den Namen der einzelnen Wochentage wird mit vorgestreckten Armen eine Kniebeuge gemacht:
„Laurentia (Kniebeuge), liebe Laurentia (Kniebeuge) mein, wann werden wir wieder zusammen sein – am Montag (Kniebeuge).
Ach, wenn es doch bald wieder Montag (Kniebeuge) wär’ und ich bei meiner Laurentia (Kniebeuge) wär’, Laurentia (Kniebeuge) wär’“.
„Laurentia (Kniebeuge), liebe Laurentia (Kniebeuge) mein, wann werden wir wieder zusammen sein – am Dienstag (Kniebeuge).
Ach wenn es doch bald wieder Montag, (Kniebeuge), Dienstag (Kniebeuge) wär’ und ich bei meiner Laurentia (Kniebeuge) wär’, Laurentia (Kniebeuge) wär’“.

„Laurentia (Kniebeuge), liebe Laurentia (Kniebeuge) mein, wann werden wir wieder zusammen sein – am Mittwoch (Kniebeuge).
Ach wenn es doch bald wieder Montag (Kniebeuge), Dienstag (Kniebeuge), Mittwoch (Kniebeuge) wär' und ich bei meiner Laurentia (Kniebeuge) wär„ Laurentia (Kniebeuge) wär'".
„Laurentia ... "
Das Bewegungsspiel wird auf diese Weise mit allen weiteren Wochentagen durchgeführt.
Insgesamt machen fitte Schüler und Lehrer dabei 63 Kniebeugen!

Achtung: Es ist nicht der Anspruch des Spiels, sportgerecht Kniebeugen zu üben. Altersangemessene Bewegungslieder sollen mit viel Spaß und Freude Reaktion und Aufmerksamkeit schulen.

Spiel S2	**„Vater Abraham"**
Klasse:	VK – 4
Fach:	Fächer übergreifend
Arbeitsform:	Am Tisch oder im Raum stehend
Ziel:	Herz-Kreislauf-Aktivierung, Koordination, Kräftigung der Muskulatur, Schulung der auditiven Aufmerksamkeit, Serialität

„Vater Abraham ..."

Während die Schüler auf der Stelle gehen, singen (oder sprechen) sie:
„Vater Abraham hatte sieben Söhne,
sieben Söhne hatte Vater Abraham,
und sie aßen nicht,
und sie tranken nicht,
und sie hatten viel Verdruss ...
„rechter Arm“
Die Schüler laufen weiter auf der Stelle, bewegen aber jetzt zusätzlich ihren rechten Arm dabei und singen:
„Vater Abraham hatte sieben Söhne,
sieben Söhne hatte Vater Abraham,
und sie aßen nicht,
und sie tranken nicht,
und sie hatten viel Verdruss ...
„rechter Arm, linker Arm“
Die Schüler laufen weiter auf der Stelle, bewegen jetzt zusätzlich zu ihrem rechten auch den linken Arm.
Das Lied kann beliebig erweitert werden, z.B. mit Anweisungen: „Rechtes Knie“, „linkes Knie“, „und der Kopf“, „und der Bauch“, „und der Po“, „und die Zunge“ ...
Je länger das Lied gesungen wird, umso mehr steigt die Anforderung, sich alle benannten Körperteile auch der Reihe nach zu merken.

Spiel S3	„Tollkirsche“
Klasse:	VK – 6
Fach:	Fächer übergreifend
Arbeitsform:	Am Tisch oder im Raum stehend
Ziel:	Herz-Kreislauf-Aktivierung, Koordination, Lockerung der Muskulatur, Schulung der visuellen Aufmerksamkeit, Reaktionsschulung

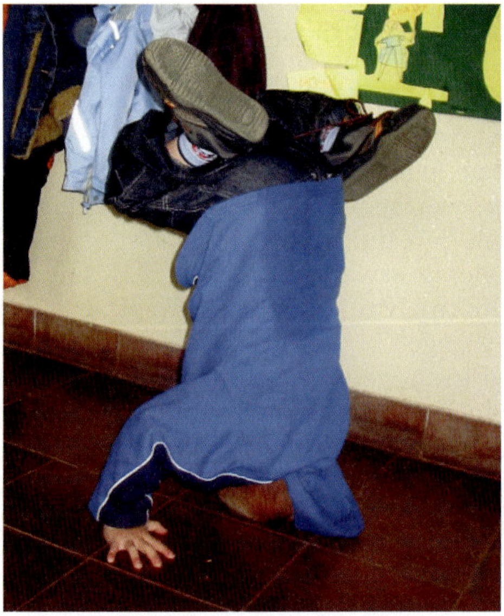

Eine „tolle“ Tollkirsche

Alle Schüler sind „Tollkirschen“.
Sie werden aufgefordert, so „toll“ sie nur können mit ihrem Körper zu zappeln. Wird ein verabredetes Zeichen (Gegenstand) in die Luft gehoben, verharren alle „Tollkirschen“ sofort in ihrer Bewegung.
Ist das Zeichen verschwunden, geht das Zappeln wieder los.

Wichtig:

- Ziel des Spiels ist es, die Schüler bewusst zu körperlichen „Entladungen“ aufzufordern, die sonst während des Unterrichts eher vermieden werden. Das Stoppen von Bewegungen soll geübt werden, es ist in jedem Schreibvorgang, im Straßenverkehr, beim Spielen auf dem Pausenhof bzw. beim Spielen in großen Gruppen nötig. Vielen Schülern fällt es sehr schwer.

Spiel S4	**„Sporttreff“**
Klasse:	VK – 6
Fach:	Fächer übergreifend
Arbeitsform:	Am Tisch oder im Raum
Ziel:	Herz-Kreislauf-Aktivierung, Koordination, Schulung der auditiven Aufmerksamkeit, Schulung der auditiven Figur-Grund-Wahrnehmung, Reaktionsschulung

„Alle Schüler drehen sich“ beim Sporttreff

Alle Schüler laufen auf der Stelle.
Der Spielleiter ruft Anweisungen in den Raum.
Die Schüler reagieren auf diese Anweisungen aber nur dann, wenn der Spielleiter sie mit den Worten „Alle Schüler ...“ verbindet.
Beispiel: Wird in den Raum gerufen „hüpfen“... reagieren die Schüler nicht, ruft der Spielleiter aber: „Alle Schüler hüpfen“... muss die Anweisung auch umgesetzt werden.

Variation:
- Die Anweisungen werden in Form einer Geschichte dargeboten
- Das Spiel wird in einer Fremdsprache gespielt

Spiel S5	„Strecken, recken, hampeln, necken“
Klasse:	VK – 6
Fach:	Fächer übergreifend
Arbeitsform:	Am Tisch stehend
Ziel:	Herz-Kreislauf-Aktivierung, Koordination, Kräftigung der Muskulatur, Reaktionsschulung

Die Schüler stehen an ihrem Tisch.
Bei dem Wort „strecken“ machen sich die Schüler so groß wie möglich, gehen auf die Zehenspitzen und strecken ihre Arme in die Luft.
Bei dem Wort „recken“ beginnen alle Schüler ihre Glieder so zu recken, wie es ihnen angenehm ist.
Ist das Wort „hampeln“ zu hören, beginnt jeder so gut er kann, den Hampelmannsprung auszuführen

- Das Wort „necken“ fordert auf Grimassen zu ziehen

Variation:

- Die Bewegungsfolge wird mehrmals hintereinander durchgeführt
- Die Bewegungsfolge wird vom jeweiligen Spielleiter verändert, um die Reaktionsfähigkeit der Mitspieler zu fordern

Wichtig:

- Dieses Bewegungsangebot wird gern als kurze Entspannung während des Unterrichts von den Schülern aufgenommen
- Klassen, die das Spiel kennen, fordern ihre Runde „Strecken, recken, hampeln, necken“ von selbst ein

Spiel S6	**„Hausputz“**
Klasse:	VK – 10
Fach:	Fächer übergreifend
Arbeitsform:	Am Tisch sitzend
Ziel:	Lockerung der Muskulatur, Kräftigung der Muskulatur, Mobilisierung der Wirbelsäule

„Matratzen klopfen“

„Besen reinigen“

Wasser trinken unterstützt Lernen und Leisten

Die Klasse macht einen „gymnastischen Hausputz“:
Zuerst werden die „Rollläden“ hochgezogen:
Im Sitzen ziehen die Schüler an einem gedachten Seil des Rollladens. Dabei werden die gestreckten Arme nach oben in die Luft gehalten.
Jetzt beginnt die Klasse mit dem „Fenster putzen“:
Mit beiden Händen gleichzeitig werden großräumige Wischbewegungen nach allen Seiten gemacht.
Das „Staubwischen“ auf dem Schrank wird begonnen:
Das Kinn wird zum Brustbein gezogen. Sanft wird der Kopf nun von einer Schulter zur anderen gerollt (nicht nach hinten rollen!).
Die „Lappen werden ausgeschüttelt“:
Die Schüler schütteln ihre Hände und Arme locker aus.
„Schränke polieren“:
Die eigenen Hände, Arme, die Schultern und der Brustbeinbereich werden so kräftig wie es dem Einzelnen angenehm ist, gerieben und massiert.
„Matratzen klopfen“:
Die eigenen Hände, Arme, Schultern, Brust-, Bauch- und Gesäßbereich werden ebenso wie die Beine und Füße kräftig durchgeklopft.
„Boden wischen“:
Das Gesäß wird leicht vom Stuhl angehoben und mehrmals von einer Seite zur anderen bewegt
„Besen reinigen“:

Die Finger werden zuerst einzeln, zum Schluss gemeinsam lang gezogen.
„Wohnung lüften“:
Fenster öffnen, aufstehen und Atemübungen machen.
„Erfrischen“
Alle trinken Wasser.

Spiel S7	**„Tretboot“**
Klasse:	VK – 10
Fach:	Fächer übergreifend
Arbeitsform:	Auf dem Stuhl sitzend
Ziel:	Anregung des Herz-Kreislaufsystems, Lockerung und Kräftigung der Muskulatur, Stimulation des Vestibularsystems, Mobilisierung der Wirbelsäule

Ein starkes Tretboot-Team

1. Die Schüler sitzen auf ihrem Stuhl und machen Tretbewegungen (Radfahrbewegungen) mit den Beinen,
2. Die Schüler bewegen sich ca. eine Minute, leicht schunkelnd von einem Sitzhöcker auf den anderen,
3. Zuletzt machen Kopf, Hals, Schultern und Oberkörper gemeinsam eine langsame O-förmige Bewegung nach vorn (Kopf und Körper

im Sitzen nach vorn strecken, in die Höhe ziehen, sich zurücklehnen, Buckel machen, dabei etwas mit dem Körper einsacken, wieder nach vorn strecken ...).

Spiel S8	**„Hüpfburg"**
Klasse:	VK – 10
Fach:	Fächer übergreifend
Arbeitsform:	Stehend am Tisch
Ziel:	Anregung des Herz-Kreislaufsystems, Lockerung der Muskulatur, Kräftigung der Muskulatur, Koordinationsschulung

Ausruhen tut gut

1. Die Schüler stehen am Tisch und federn leicht auf beiden Füßen, dabei schlenkern sie mit ihren Armen leicht und locker in der Luft.
2. Sie springen mit geschlossenen Füßen von rechts nach links, von vorn nach hinten (dabei können sie sich nach Wunsch am Tisch abstützen).
3. Sie beginnen beim Hüpfen die rechte und die linke Hüfte im Wechsel nach vorn zu schieben und gleichzeitig die geschlossenen Füße nach rechts oder links zu drehen.
4. Sie springen vom Schlusssprung in den Grätschsprung und zurück.

5. Sie enden mit Schrittsprüngen nach vorn (bei den Schrittsprüngen wird jeweils der entgegengesetzte Arm mitbewegt).
6. Sie legen ihre Arme nach vorn gestreckt auf den Tisch und ruhen sich aus.

Spiel S9	**„Radiergummi-Kunst"**
Klasse:	VK – 10
Fach:	Fächer übergreifend
Arbeitsform:	Sitzend am Tisch
Ziel:	Geschicklichkeit, Aktivierung und Steuerung der Muskulatur, Aufmerksamkeit

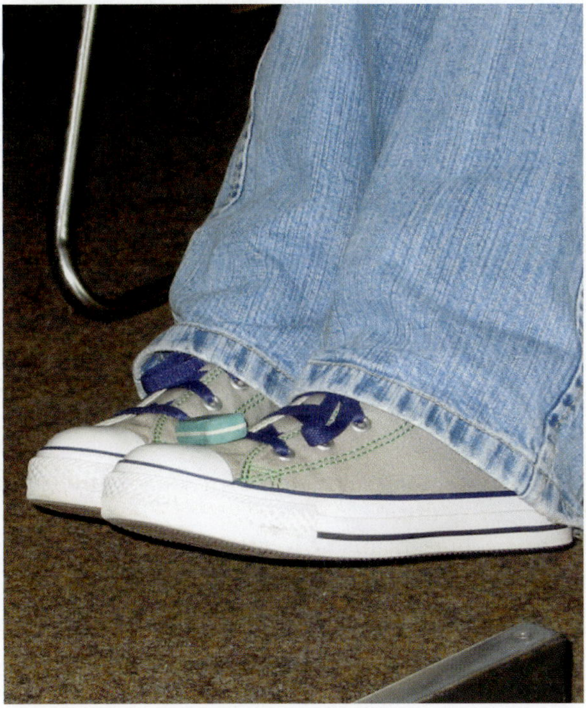

Füße anheben …

Radierer übergeben ...

Die Schüler legen einen Radiergummi auf den Spann ihres Fußes. Nun heben sie langsam den Fuß an, ohne den Radierer jedoch zu verlieren.
In einer selbst bestimmten Höhe versucht der Schüler das andere Bein in Höhe des balancierenden Beins zu bringen, um dort den Radierer ohne zur Hilfenahme der Hände auf den anderen Fuß zu befördern.
Das Abstützen der Hände auf dem Stuhl ist erlaubt.

Variation:

- bei jüngeren Schülern wird zuerst nur das Anheben jedes Fußes mit dem Radierer geübt
- ältere Schüler probieren aus, wie oft pro Minute die Übergabe des Radierers von einem zum anderen Fuß gelingt

Spiel S10	„Kastanienmassage“
Klasse:	VK – 10
Fach:	Fächer übergreifend
Arbeitsform:	Am Tisch
Ziel:	Entspannung, Durchblutung, Aktivierung

Die Schüler sitzen am Tisch.
Jeder Schüler hat zwei Kastanien.
Jeweils eine Kastanie wird unter die rechte und unter die linke Hand gelegt.

1. Nun beginnt der Schüler mit den Händen auf den Kastanien zu kreisen, so dass die Handinnenflächen gut massiert werden.
2. Die Kastanien werden unter die Füße gelegt und die Füße arbeiten jetzt genau so wie die Hände vorher.
   (Das Ausziehen der Schuhe ist auch mit groß- und feinmotorischen Bewegungen verbunden und somit bewegungsunterstützend!)
3. Die Schüler massieren sich partnerweise den Rücken

Wichtig:

- Schüler sollen freiwillig entscheiden, ob sie ihre Schuhe für die Massage ausziehen. Besonders in der Pubertät hat das Ausziehen der Schuhe etwas mit Preisgabe der Intimität zu tun.

Spiel S11	„Heißer Hintern“
Klasse:	1 – 10
Fach:	Fächer übergreifend
Arbeitsform:	Auf dem Stuhl sitzend
Ziel:	Herz-Kreislauf-Aktivierung, Koordination, Kräftigung der Muskulatur, Schulung der auditiven Aufmerksamkeit, Schulung der auditiven Figur-Grund-Wahrnehmung, Reaktionsschulung

Alle Schüler sitzen auf ihrem Stuhl.
Der Spielleiter ruft Bewegungsaufgaben in die Klasse: „Arme in die Luft“, „mit den Füßen trampeln“, „Armkreisen“ ...
Ergänzt er die Anweisung mit dem Wort „heiß“, stehen die Schüler sofort vom Stuhl auf und machen die einzelnen Bewegungen im Stehen.
Sie setzen sich danach für die nächsten Anweisungen sofort wieder auf ihren Stuhl – bis sie das Wort „heiß“ erneut vom Stuhl holt.

Spiel S12	Wand drücken“
Klasse:	4 – 10
Fach:	Fächer übergreifend
Anzahl:	Klassenstärke
Arbeitsform:	Am Tisch stehend
Ziel:	Dehnung der rückwärtigen Muskeln und Sehnen, verbesserte Durchblutung, taktile Stimulation, Balanceübung

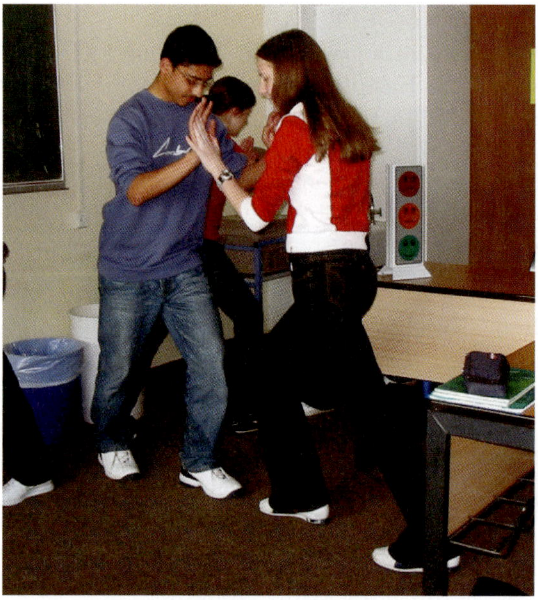

Dehnung der rückwärtigen Muskulatur beim „Wand drücken“

Zwei Schüler stehen sich gegenüber.
Sie halten ihre Arme waagerecht nach vorn. Ihre Ellenbogen sind leicht gebeugt. Die Hände werden senkrecht gehalten, so dass die Handflächen der Partner sich berühren.
Ihre Beine stehen in Schrittstellung, die Füße in einer Linie voreinander.
Das vordere Bein ist im Knie leicht gebeugt, das hintere gestreckt.
Die Füße, auch die Fersen, sind auf dem Boden.
Die Schüler drücken ihre Hände flach gegeneinander und verstärken so die Dehnung des Wadenbereichs im hinteren Bein.

Die Übung wird mehrmals mit wechselnder Beinstellung durchgeführt.

Variation:

- Die Übung kann auch in der Weise durchgeführt werden, dass die Schüler mit ihren Händen gegen eine Wand drücken, um die Dehnung zu intensivieren

Spiel S13	**„Malende Hände“**
Klasse:	4 – 10
Fach:	Fächer übergreifend
Arbeitsform:	Am Tisch stehend
Ziel:	Herz-Kreislauf-Aktivierung, Koordination, Schulung des Richtungs- und Ordnungssinns, Lockerung der Arm- und Schultermuskulatur

Die Schüler nehmen ihre Hände in die Luft und malen zur Musik mit beiden Händen gleichzeitig:

- vor ihrem Körper
- hinter ihrem Körper
- an ihren Körperseiten
- über ihrem Kopf
- um ihre Knie
- um ihre Füße
- auf ihrem Gesicht (zarte Berührung)

Spiel S14	**„Schreibgymnastik“**
Klasse:	4 – 10
Fach:	Fächer übergreifend
Arbeitsform:	Am Tisch stehend
Ziel:	Herz-Kreislauf-Aktivierung, Koordination, Aktivierung, Lockerung und Steuerung der Muskulatur, Mobilisierung der Wirbelsäule, Vertiefung von Lerninhalten

Es spielt leise Musik. Die Schüler bekommen kurze Aufgaben:

- Mit den Zeigefingern beider Hände gleichzeitig bestimmte Buchstaben, Zeichen, Formen oder Zahlen in die Luft malen
- Mit beiden Ellenbogen gleichzeitig bestimmte Buchstaben, Zeichen, Formen oder Zahlen in die Luft malen

- Mit beiden Schultern gleichzeitig bestimmte Buchstaben, Zeichen, Formen oder Zahlen in die Luft malen
- Mit den Hüften bestimmte Buchstaben, Zeichen, Formen oder Zahlen in die Luft malen
- Mit beiden Füßen gleichzeitig bestimmte Buchstaben ....
- Mit beiden Augen gleichzeitig bestimmte Buchstaben ....
- Mit der Nase bestimmte Buchstaben ....
- Mit der Zunge bestimmte Buchstaben ....

Spiel S15	**„Skilanglauf“**
Klasse:	4 – 10
Fach:	Fächer übergreifend
Arbeitsform:	Am Tisch oder im Raum
Ziel:	Herz-Kreislauf-Aktivierung, Koordination, Wiederholung und Vertiefung von Lerninhalten

Bei gleichzeitigen Schrittsprüngen mit gegengleichen Armbewegungen (mindestens zwei bis drei Minuten) führen die Schüler Aufgaben durch, z.B:

- Lautes oder murmelndes Wiederholen von Deklinationen oder Konjugationen im Deutsch– und Fremdsprachenunterricht
- Lautes oder murmelndes Wiederholen von unregelmäßigen Verben im Fremdsprachenunterricht
- Lautes oder murmelndes Wiederholen von mathematischen Formeln im Mathematikunterricht
- Lautes oder murmelndes Wiederholen von fachlichen Inhalten einzelner Stunden

Variationen:

- Anstelle der Schrittsprünge werden Schlusssprünge vor- und rückwärts durchgeführt
- Anstelle der Schrittsprünge wird der Hampelmannsprung durchgeführt
- Anstelle der Schrittsprünge werden Überkreuzbewegungen durchgeführt
- Anstelle der Schrittsprünge werden zu zweit Klatsch-Bewegungen mit Händen und Knien durchgeführt
- Anstelle der Schrittsprünge wird auf der Stelle gejoggt

Spiel S16	**„Sitzgymnastik“**
Klasse:	4 – 10
Fach:	Fächer übergreifend
Arbeitsform:	Am Tisch stehend
Ziel:	Fingergeschicklichkeit, Aktivierung, Lockerung und Steuerung besonders der Finger-, Arm- und Schultermuskulatur, verbesserte Durchblutung, Sprachförderung (Zusammenhang Feinmotorik/Sprache)

1) Die Schüler strecken beide Arme senkrecht in die Luft.
   Sie strecken sich so lang, als wollten sie die Decke erreichen.
   Die Finger werden gespreizt und geschlossen,
   die Finger spielen Klavier,
   die Hände werden im Handgelenk gedreht,
   die Hände werden auf und nieder gebeugt.
2) Die Arme hängen neben dem Körper,
   die Hände und Arme werden geschüttelt,
   Arme und Hände kreisen an der Seite,
   die Hände kreisen im Handgelenk allein.
3) Die Arme werden vor den Körper gehalten.
   Die einzelnen Finger tippen beidseitig gleichzeitig jeweils nacheinander fünfmal mit dem Daumen zusammen,
   die Hände werden kräftig aneinander gerieben.

Variation:
- Die Übung kann im Sitzen gemacht werden
- Die Übung kann erst mit der einen Hand, dann mit der anderen Hand, zuletzt beidseitig, durchgeführt werden
- Das gleichzeitige Drehen des rechten und des linken Armes kann bei geübten Schülern in gegenläufiger Richtung ausgeführt werden
- Das Daumen-Finger-Tippen kann bei geübten Schülern in der Weise verändert werden, dass eine Hand mit der Fingerbewegung Daumen-Zeigefinger, die andere Hand dazu parallel mit der Bewegung Daumen-Kleinfinger beginnt.

3.6 Brain- Gym®- Schulspiele[5]

Das Brain-Gym®-Programm[6] (Gehirngymnastik) besteht aus einer Reihe von Bewegungen, die von dem Pädagogen Dr. Paul Dennison in den siebziger Jahren in Kalifornien entwickelt wurden.
Dennison integrierte die Erkenntnisse von Dr. Doman (Physiotherapeut) und Dr. Delacato (Psychologe, Pädagoge)[7] sowie Arbeiten von Dr. Herr (Experte für Sehtraining), Dr. Getman (Optometrist) und Dr. Tyler (Chiropraktiker) in sein Programm.
Die Übungen wurden für Kinder und Erwachsene zusammengestellt. Gezielte Bewegungen sollen Menschen helfen, Sehprobleme, Lern- und Sprachschwierigkeiten zu mindern.
Dr. med. Zinke, Diplompsychologe, Medizinaldirektor i.R., Facharzt für Neurologie und Psychiatrie, erklärte angesichts einer Studie, die 1999 in Deutschland durchgeführt wurde, dass das Bewegungsprogramm kindgerecht, entwicklungsadäquat, methodisch eindeutig auf definierbare pädagogische und humane Ziele ausgerichtet und in den normalen Lehrplan integrierbar ist.[8]

[5] Es ist urheberrechtlich nicht gestattet, mehr als fünf Brain-Gym®-Übungen zu beschreiben bzw. als Foto zu veröffentlichen. Die darüber hinausgehenden Übungen können lediglich benannt werden. Ich habe mich zu der Benennung entschieden, da mir bekannt ist, dass viele Lehrer mit den Brain-Gym®-Übungen arbeiten, häufig aber nach Ideen suchen, diese in den Unterricht oder in Spiel- und Bewegungsformen zu integrieren.

[6] Dennison, P.u. G., 2002 Kirchzarten

[7] Doman und Delacato (beide USA) haben in den 60er Jahren eine neuro- und sensomotorische Behandlungsmethode für hirnverletzte Kinder entwickelt

[8] Zinke, K. in Beigel, Steinbauer, Zinke (2002): Das bewegte Klassenzimmer, S. 166

Spiel BG1	„Meine Hände sind verschwunden“
Klasse:	VK – 1
Fach:	Fächer übergreifend
Anzahl:	Klassenstärke
Arbeitsform:	Am Tisch sitzend oder stehend
Ziel:	Überkreuzen der Körpermittellinie, Dehnung, Entspannung und Aktivierung der Muskulatur, Augen- und Kiefergelenksentspannung, vertiefte Sauerstoffaufnahme und Durchblutung, Koordination, Anregung der Sprechfreude

Das Spiel wird nach der bekannten Melodie „Meine Hände sind verschwunden“ gesungen.

Der Text wird ebenfalls beibehalten, anstelle des einfachen Zeigens der Körperteile wird jedoch eine Brain-Gym®-Übung mit dem jeweiligen Körperteil kombiniert:

1. „Meine Hände sind verschwunden, ich habe keine Hände mehr“, Text singen und dabei Hände verstecken.
   „Ei, da sind die Hände wieder, tralalalalalala“,
   Hände vorholen und „Double Doodle“ (Simultanzeichnen) machen.
2. „Meine Füße sind verschwunden, ich habe keine Füße mehr“, Text singen und dabei Füße verstecken (z.B. auf die Füße setzen)
   „Ei, da sind die Füße wieder, tralalalalalala“,
   Füße vorholen und die „Fußpumpe“ machen.
3. das Lied singen und den Kopf verstecken, „Nackenrolle“
4. das Lied singen und den Po verstecken „Beckenschaukel“
5. das Lied singen und den Mund verstecken „Energiegähnen“
6. das Lied singen und die Ohren verstecken „Denkmütze“
7. das Lied singen und die Augen verstecken ... Augen bedecken, dann blinzelnd öffnen
8. das Lied singen und die Zunge verstecken. Mit der Zunge in der Luft liegende Achten außerhalb des Mundes malen.

Das Lied kann beliebig ergänzt werden. Besonders beliebt ist es bei Kindern, wenn zum Schluss im Text gesungen wird:

„Die Kinder sind verschwunden, ich habe keine Kinder mehr“ und alle Kinder sich im Raum verstecken.

Bei dem Text: „Ei, da sind die Kinder wieder“, hüpfen sie alle durch die Klasse und bei „tralalalalalala“ sitzt jeder auf seinem Platz.

Spiel BG2	„Leute habt Ihr schon geseh'n?"
Klasse:	VK – 1
Fach:	Fächer übergreifend
Anzahl:	Klassenstärke
Arbeitsform:	Im Raum stehend
Ziel:	Koordination, Überkreuzen der Körpermittellinie, Unterstützung der Integration des ATNR, Herz-Kreislauf-Aktivierung, vertiefte Atmung und Durchblutung, Merkfähigkeit

Homolateralgang vorwärts

Überkreuzgang vorwärts

Dieses Bewegungsspiel wird nach der bekannten Melodie „Horch, was kommt von draußen rein?" gesungen:
„Leute habt ihr schon geseh'n, ich kann geh'n, ich kann geh'n,
wie ein kleiner Hampelmann, schaut mal an, schaut an.
Gehe vorwärts, rückwärts auch, lacht mein Mund, lacht mein Bauch.
Soll nun wirklich jeder sehn, ich kann geh'n', ja geh'n"
Begleitend zum Singen werden verschiedene Gang- und Bewegungsformen für den Hampelmann ausgemacht:

- Überkreuzgang vorwärts (Hand und Knie der gegenüberliegenden Seite treffen sich)

- Homolateralgang vorwärts (Hand und Knie der selben Seite treffen sich)
- Wechsel von Überkreuzgang vorwärts und homolateralem Gang
- Überkreuzgang rückwärts (Hand und Fuß der gegenüberliegenden Seite treffen sich hinter dem Körper)
- Homolateralgang rückwärts (Hand und Fuß der gleichen Seite treffen sich hinter dem Körper)
- Wechsel von Überkreuzgang rückwärts und homolateralem Gang
- Wechsel von Überkreuzgang vorwärts und homolateralem Gang rückwärts
- Wechsel von Überkreuzgang rückwärts und homolateralem Gang vorwärts
- Überkreuzgehen seitwärts (Arm und Bein der gegenüberliegenden Seite spreizen vom Körper ab)
- Homolateralgang seitwärts
- Wechsel von Überkreuz- und Homolateralgang seitwärts (Arm und Bein der gleichen Seite spreizen vom Körper ab)

Variation:
Der Text wird verändert:
- Bei „wie ein kleines Elfchen fein“ werden die Bewegungsmuster elfenhaft geflogen
- Bei „wie ein richt'ger Affenmann“ werden die Bewegungsmuster affenähnlich ausgeführt
- Bei „wie ein Flöhchen hüpf ich jetzt“ werden die Bewegungen gehüpft.

Wichtig:
- Als gute Vorübungen bzw. Unterstützungen dienen Turnhallenspiele, bei denen Kriechen, Krabbeln, Robben ... im Mittelpunkt stehen
- Der Lehrer bewegt sich stets mit den Schülern und unterstützt sie dadurch in der Ausführung der verschiedenen Bewegungsmuster
- Es ist möglich, die rechte und linke Körperseite mit farbigen Klebepunkten (Bändchen ...) zu markieren, um den Schülern die Ausführung der verschiedenen Bewegungsmuster zu erleichtern
- Das Spiel ist gerade bei jüngeren Schülern eine gute Vorbereitung, um später mit den Kindern flotte Tänze tanzen zu können
- Bei verändertem Text kann das Spiel auch in höheren Klassenstufen gespielt werden

Spiel BG3	„Eis-Tanz-Spiel“
Klasse:	VK – 1
Fach:	Fächer übergreifend
Anzahl:	Klassenstärke
Arbeitsform:	Im Raum bewegend
Ziel:	Körpererfahrung, Sozialerfahrung, auditive Aufmerksamkeit, Entspannung und Aktivierung der Muskulatur, Merkfähigkeit, Herz-Kreislauf-Aktivierung, vertiefte Atmung und Durchblutung
Material:	Musik

Eistanz mit Brain-Gym®-Übungen

Alle Schüler tanzen nach Musik frei im Raum.
Bei Musikstopp bleiben die Schüler stehen und erstarren zu Eis.
Der Spielleiter sagt die Worte:
„Eis, Eis, Eis werde heißt – fange an zu schmelzen und zu tau`n“,
Jeder Schüler beginnt nun, so lange eine beliebige Brain-Gym“-Übung zu machen, bis die Musik wieder zu spielen beginnt und alle weitertanzen.

Variation:
- Bei jedem Stopp wird der Name eines anderen Kindes gerufen wird, das die Bewegung angibt, die alle Schüler machen sollen

Wichtig:
- Bei jüngeren Schülern bietet sich die Variation nur in Kleingruppen an, damit jedes Kind einmal die Möglichkeit bekommt, die Übung vorzugeben

Spiel BG4	**„Elefant“**
Klasse:	VK – 1
Fach:	Fächer übergreifend
Anzahl:	Klassenstärke
Arbeitsform:	Im Raum stehend
Ziel:	Stimulation des Vestibularsystems, Unterstützung der auditiven Wahrnehmung, Gesamtkörper-Koordination, Auge-Hand-Koordination, Überkreuzen der Körpermittellinie, Merkfähigkeit, Sprachanregung

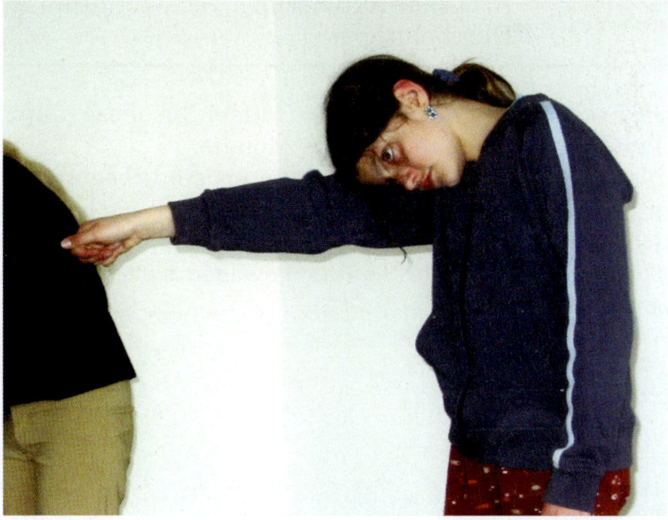

Der „Brain-Gym®-Elefant“

Die Schüler machen den „Brain-Gym®-Elefant“ und sprechen dazu folgenden Reim:
„Kennst du den großen Elefanten,
du weißt, den Onkel von den Tanten,
den ganz, ganz großen, weißt du, der –
der immer so macht, hin und her.
Der lässt dich nämlich vielmals grüßen,
er hat mit seinen eignen Füßen
hineingeschrieben in den Sand:
Grüß mir Sophiechen Windelband!“
(Kinderreim von Christian Morgenstern)

Spiel BG5	**„Geburtstagsspiel“**
Klasse:	VK – 2
Fach:	Fächer übergreifend
Anzahl:	Klassenstärke
Arbeitsform:	Im Raum bewegend
Ziel:	Körpererfahrung, Sozialerfahrung, auditive Aufmerksamkeit, Entspannung und Aktivierung der Muskulatur, Merkfähigkeit, Herz-Kreislauf-Aktivierung, vertiefte Atmung und Durchblutung

Alle Schüler tanzen frei im Raum zur Musik, bis diese stoppt.
Der Spielleiter ruft den Namen eines Monats.
Alle Schüler, die in diesem Monat geboren sind, beginnen nun eine von ihnen gewünschte Brain-Gym®-Bewegung zu machen.
Die restlichen Schüler machen die Übung nach.
Die Musik spielt weiter, alle Schüler bewegen sich bis zum nächsten Musikstopp im Raum ...

Spiel BG6	„Brain-Gym®-Klatschspiel“
Klasse:	VK – 3
Fach:	Fächer übergreifend
Anzahl:	Klassenstärke
Arbeitsform:	Im Raum stehend
Ziel:	Überkreuzen der Körpermittellinie, Ganzkörper-Koordination, Integration des ATNR, taktile Stimulation, Integration des Palmar-Reflexes[9], Sozialerfahrung, auditive Wahrnehmung, Merkfähigkeit, Rhythmusschulung, vertiefte Atmung

Die Schüler stehen einander gegenüber und klatschen:

- in die eigenen Hände
- rechte Hand gegen rechte Hand des Partners
- in die eigenen Hände
- linke Hand gegen die linke Hand des Partners

usw.

Dabei sagen sie den Spruch:

„Ene mene miste,
wir schau'n nicht in die Kiste.
Wir wollen lieber draußen sein
und spiel'n
im schönen Sonnenschein.
Dreh dich um!“

(Text wurde von Schülern erfunden)

Bei den Worten „dreh dich um“ drehen sich beide Kinder einmal um sich selbst und machen, wenn sie sich wieder ansehen, jeder eine Brain-Gym®-Übung. Machen sie zufällig die gleiche Übung, sind sie „verwandt“.

Sie gehen aufeinander zu und schütteln sich die Hand.

Variation:

Das Spiel kann erweitert werden, indem das Klatschen nicht nur mit den Händen geschieht, sondern zusätzlich durch die Beinarbeit unterstützt wird, vgl.: Klatschspiele

[9] Handgreifreflex

- Das Spiel kann als Kreisspiel gespielt werden. Alle Schüler, die im Kreis stehen, drehen die rechte Hand mit dem Handrücken nach oben. Die linke Hand wird mit dem Handrücken nach unten gehalten (so dass die rechte Hand des Nachbarn in diese klatschen kann). Jetzt wird der Vers gesprochen und dabei werden von allen Kindern gleichzeitig im Wechsel die Hände (von unten nach oben bzw. von oben nach unten) gedreht und mit dem Nachbarn zusammengeklatscht
  Bei den Worten „dreh dich um" drehen sich alle Schüler gleichzeitig um und machen eine Brain-Gym®-Übung: „Wer ist verwandt?"

Wichtig:
- Um das Klatschen in Kreisform zu ermöglichen, klebt der Lehrer allen Schülern zur leichteren Orientierung einen roten Punkt auf den rechten Handrücken, ggf. noch einen grünen Punkt auf den linken Handrücken

Spiel BG/M7	**„Brain-Gym®-Stationen-Rechnen"**
Klasse:	1 – 4
Fach:	Mathematik
Anzahl:	Klassenstärke
Arbeitsform:	Auf der Erde krabbelnd
Ziel:	Vertiefen von mathematischen Unterrichtsinhalten, Verbindung körperlicher und geistiger Aktivität, Überkreuzen der Körpermittellinie zur Aktivierung beider Hirnhälften, Integration von ATNR und STNR und Palmar-Reflex, visuelle Wahrnehmungsschulung, auditive Wahrnehmungsschulung, Sozialerfahrung, Selbstständigkeit

In der Klasse (Schulflur) werden verschiedene Stationen aufgebaut.
Jede Station bekommt eine Nummer.
An jeder Station liegt pro Schüler ein Aufgabenzettel.
In der Klasse stehen mehrere „Geheimkästen" (Schuhkartons), die ebenfalls nummeriert sind.
Im „Geheimkasten" befindet sich pro Schüler je eine Anweisung.
Die Anweisungen erläutern, welche Bewegungsaufgaben an welcher Station zu bewältigen sind, um die Aufgabenzettel der einzelnen Station bearbeiten zu können.

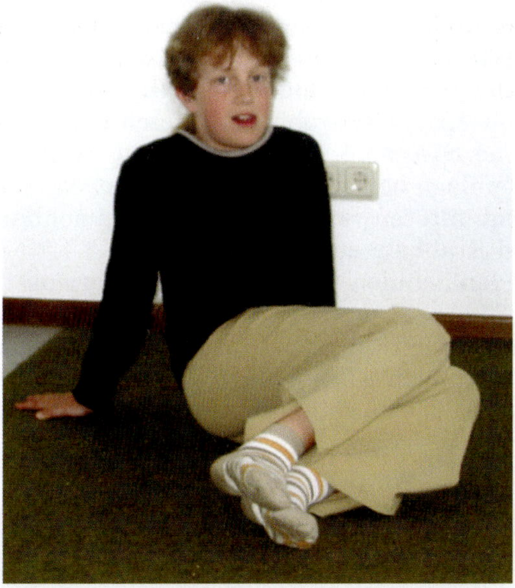

Die „Beckenschaukel"

Die Schüler bestimmen selbst, an welcher Station sie beginnen wollen und in welcher Reihenfolge sie die Stationen erarbeiten.
Auf ein akustisches Signal krabbeln (gehen überkreuzend) alle Schüler zu einem der Geheimkästen.
Dort finden sie die Brain-Gym®-Übungen für die entsprechenden Stationen (Nummer des Geheimkastens beinhaltet Nummer der Station).
Der Schüler krabbelt zur Station, macht die Übung der Station, und zwar so oft, wie die Nummer der Station es angibt (an Station 5 wird die Übung fünf Mal gemacht).
Erst danach erarbeiten die Schüler die bei der Station ausgelegten Aufgabenzettel (Rechenaufgaben).
Das Ergebnis wird auf die vom Lehrer vorgefertigten Zettel geschrieben. Die ausgefüllten Zettel werden krabbelnd an den Platz gebracht.
Sind alle Stationen erarbeitet worden, werden die Aufgaben gemeinsam vorgelesen, verglichen und besprochen.

Variation:
- Das Krabbeln wird durch Gehen im Überkreuzmuster ersetzt
- Das Stationen-Spiel kann auch mit anderen Unterrichtsinhalten (Deutsch, Sachkunde ...) verknüpft werden

Wichtig:

- Krabbeln ist ein sehr wichtiger Entwicklungsschritt in der motorischen Entwicklung. Krabbeln unterstützt in hervorragender Weise die Integration des ATNR und des STNR
- Es bietet sich an, zum Krabbeln Knieschützer zu benutzen (alte abgeschnittene Strümpfe, die bei empfindsamen Knien auch mit Schaumstoffeinlage benutzt werden können)
- Es ist wichtig, älteren Schülern den Zusammenhang von Gehirntätigkeit und Krabbeln zu erklären
- Die Anzahl der Schulen, in denen Lehrer bewusst Schüler krabbeln lassen, nimmt zu
- Es dürfen an den Stationen nur bekannte und gemeinsam erübte Brain-Gym®-Übungen angeboten werden, sonst sind die Schüler überfordert und die gewünschte Unterstützung durch die Übung bleibt aus

Krabbeln unterstützt die Zusammenarbeit der rechten und linken Gehirnhälfte

Spiel BG/Ü8	„Eine Reise machen“
Klasse:	1-4
Fach:	Fächer übergreifend
Anzahl:	Klassenstärke
Arbeitsform:	Partnerarbeit am Tisch
Schwerpunkt:	Graphomotorische Übung, taktil-propriozeptive Erfahrung, Auge-Hand-Koordination, vestibulare Stimulation, Körper, Material- und Sozialerfahrung, Entspannung
Material:	Papier, Stift

Jeweils zwei Schüler sitzen sich am Tisch direkt gegenüber.
Jeder der Schüler hat einen Stift in der Hand.
Vor den Schülern liegt ein Blatt Papier, das sie gemeinsam nutzen.
Sie setzen ihre Stifte so auf das Papier, dass sich ihre Hände dabei berühren.
Ein Schüler ist der „Fluglehrer“, der andere Schüle der „Auszubildende“.
Die Rollen werden klar abgesprochen.
Der „Fluglehrer“ beginnt Double Doodle (Simultanzeichen) auf das Papier zu malen, der andere Schüler macht als „Auszubildender“ die Bewegungen mit. Bei den Bewegungen sind die Hände der Schüler stets in Kontakt, die Stifte stets auf dem Papier.
Nach einer Weile schließt der „Auszubildende“ die Augen und wird „schlafend“ über das Blatt geführt.
„Fluglehrer“ und „Auszubildender“ wechseln die Rollen.

Variation:

- Die Spielpartner machen einen gemeinsamen Flug mit den Händen
  Die Schüler stehen sich dazu gegenüber, ihre Hände berühren sich. Der „Pilot“ fliegt im Double Doodle durch die Luft und der „Copilot“ fliegt mit.

Wichtig:

- Es ist darauf zu achten, dass beim Malen jeweils Schüler mit gleicher Handdominanz zusammenarbeiten

Spiel BG/M9	„Brain-Gym®-Zahlenraten“
Klasse:	2 – 6
Fach:	Mathematik
Anzahl:	Klassenstärke
Arbeitsform:	Am Tisch stehend
Ziel:	Vertiefung von mathematischen Lerninhalten, Aktivierung, Dehnung und Entspannung der Muskulatur, vertiefte Durchblutung, Überkreuzen der Körpermittellinie, vestibulare Stimulation, taktile Stimulation, Sozialerfahrung

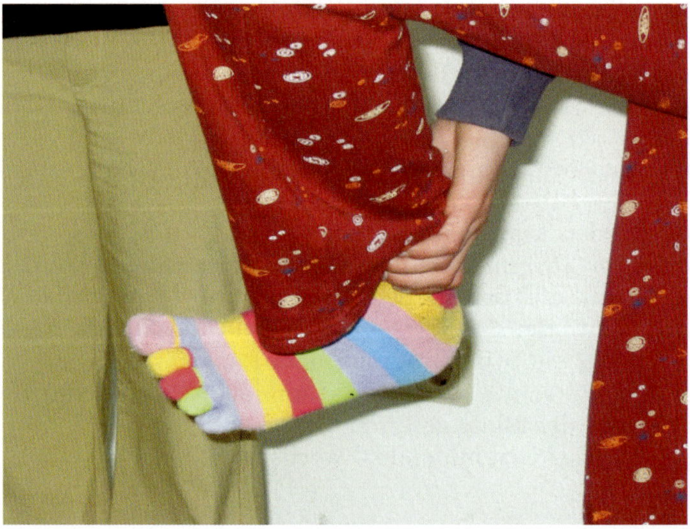

Die Fußpumpe signalisiert den Einer

Für das Spiel gilt die Grundidee des Spiels M5, jedoch werden anstelle der dort erwähnten Körperbewegungen Brain-Gym®-Übungen eingesetzt:

Einer	Fußpumpe
Zehner	Energiegähnen
Hunderter	Nackenrolle
Tausender	Armaktivierung (die Streckung eines Armes = 1000)

Die Nackenrolle signalisiert den Hunderter

Zwei Schüler gehen vor die Tür und verabreden eine Zahl, die sie der Klasse über Körperbewegungen vorspielen.

Variation:
- Erweiternd kann das Spiel auch wie Spiel M8 oder Spiel M10 gespielt werden
- Die Schüler beantworten die Zahl/Aufgabe über Körperbewegung
- Die Schüler beantworten die Zahl/Aufgabe durch Aufschreiben und Hochhalten des Ergebnisses
- Die Schüler beantworten die Zahl/Aufgabe durch Darstellen des Ergebnisses in Form einer neuen Aufgabe
- Mehrere Schüler spielen eine Kettenaufgabe
- Als Variation gilt ebenfalls die Grundidee des Spiels M5, jedoch werden anstelle der dort erwähnten Körperbewegungen liegende Achten eingesetzt:

Einer	Daumenacht
Zehner	Handacht (mit der flachen Hand)
Hunderter	Ellenbogenacht (seitlich)
Tausender	Elefantenacht

Wichtig:

- Die einzelnen Bewegungen müssen gut eingeführt sein, damit die Schüler sie langsam und großräumig ausführen können
- Das Bewegungsspiel sollte auch mit älteren Klassen zuerst im überschaubaren Zahlenbereich gespielt werden. Die Bewegungen, die Einer, Zehner, Hunderter ... vertreten, sollten bekannt sein
- Die Zahlen müssen genau in der selben Reihenfolge vorgespielt werden, wie sie auch im Rechenbuch oder im Heft geschrieben werden, also zuerst der Tausender, dann der Hunderter, der Zehner, der Einer (denn das Bewegungsspiel dient der Vertiefung der Lerninhalte – muss sich mit den Inhalten der Lehrbücher decken und darf nicht zur Verwirrung führen)
- Die Schüler stehen frontal vor der Klasse und spielen die Aufgabe genau wie sie im Buch gelesen würde, von links nach rechts (Vertiefung der Lerninhalte)
- Die Schüler dürfen während der Bewegungen mitschreiben

Spiel BG/M10	**„Zahlenfamilie suchen“**
Klasse:	2 – 6
Fach:	Mathematik
Anzahl:	Klassenstärke
Arbeitsform:	Im Raum bewegend
Ziel:	Körpererfahrung, Sozialerfahrung, Dehnung der hinteren Muskeln und Sehnen, taktile Stimulation, vestibulare Stimulation, intensive Durchblutung, Koordination

Jeder Schüler sucht sich im Vorfeld des Spiels eine Zahl von eins bis sechs.
Diese Zahl ist nur ihm selber bekannt und benennt seinen „Familiennamen“.
Alle Schüler bewegen sich zur Musik im Raum.
Bei Musikstopp beginnen die Schüler sich wortlos darüber zu verständigen, welcher Zahlenfamilie sie angehören.
Dies geschieht in folgender Weise:

Zwei Schüler gehen aufeinander zu und zeigen sich gegenseitig durch die Anzahl der Fußpumpen, die sie machen, welcher Zahlenfamilie sie angehören.
Finden sich zwei Schüler, die zu einer Familie gehören, gehen sie gemeinsam weiter, um andere Familienmitglieder ihrer Zahlenfamilie zu finden.
Haben sich alle Mitglieder der Zahlenfamilien gefunden, bekommen die Familie vom Spielleiter eine gemeinsame Aufgabe.
Gehört ein einzelner Schüler allein einer Zahlenfamilie an, kann er sich aussuchen, in welche Familie er gerne „einheiraten" möchte.

Variation:

- Anstelle der Fußpumpe können andere Brain-Gym®-Übungen als Kennzeichnung des Familiennamens genutzt werden

Wichtig:

- Die Anzahl der Familiennamen richtet sich nach der Anzahl der mitspielenden Schüler. Je größer die Schülergruppe ist, umso mehr Familiennamen (evtl. 1-10) können vom Spielleiter angeboten werden
- Es ist darauf zu achten, dass kein Schüler allein bleibt. Der Schüler, der allein in einer Familie bleibt, darf sich eine Wunschfamilie suchen
- Das Spiel ist gut einsetzbar, wenn es um die Zusammenstellung neuer Gruppen geht
- Die Fußpumpe sollte den Schülern gut bekannt sein, damit sie auch effektiv eingesetzt wird

Spiel BG/M11	„1x1 mit Brain-Gym®“
Klasse:	2 – 4
Fach:	Mathematik
Anzahl:	Klassenstärke
Arbeitsform:	Im Raum bewegend
Ziel:	Übung zum Dividieren und Multiplizieren, auditive Wahrnehmungsübung, propriozeptive und vestibulare Schulung, Körpererfahrung, Aufmerksamkeitsschulung
Material:	Musik, Bilder von Brain-Gym®-Übungen

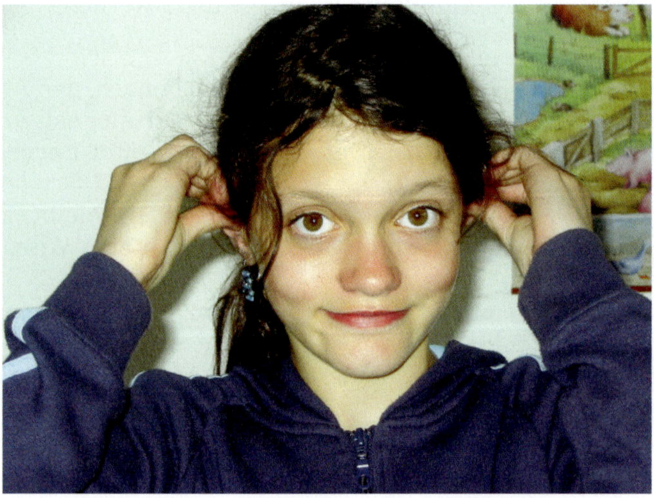

Beim 1X1 mit Brain-Gym“ symbolisiert die Denkmütze 5

Es werden die Zahlen 2-9 an die Tafel geschrieben.
Jeder Zahl wird eine Brain-Gym®-Übung zugeordnet.
Beispiel:

2=Überkreuzen	4=Energiegähnen
3=Nackenrolle	5=Denkmütze ...

Zu Musik bewegen sich alle Schüler frei im Raum.
Die Musik stoppt, der Spielleiter ruft eine Zahl aus dem Einmaleins (Beispiel 18).
Nun machen alle Schüler, die eine Zahl kennen, die sich in dieser Zahl wiederfindet (Beispiel 2, 3, 6, 9) die jeweilige Brain-Gym® Bewegung einer dieser Zahlen.

Spiel BG/D12	**„Wortarten-Tanz mit Brain-Gym®“**
Klasse:	2 – 4
Fach:	Deutsch
Anzahl:	Klassenstärke
Arbeitsform:	Im Raum bewegend
Ziel:	Vertiefen der Lerninhalte, Herz-Kreislauf-Aktivierung, Anregung der auditiven und der visuellen Wahrnehmung, Merkfähigkeit, Dehnung, Aktivierung und Entspannung der Muskulatur

Ein „Adverb“ im Brain-Gym®-Wortarten-Tanz

Die verschiedenen Wortarten werden an die Tafel geschrieben.
Jeder Wortart wird eine Übung aus dem Bereich der Brain-Gym®-Übungen zugeordnet.
Beispiel:

Substantiv	Überkreuzen
Adjektiv	Beckenschaukel
Verb	Liegende Achter malen
Adverb	Wasser trinken

Die Schüler tanzen zu Musik im Raum.
Bei Musikstopp wird vom Spielleiter ein Wort gerufen.

Die Schüler erkennen die Wortart und beginnen die zugeordnete Bewegungsübung durchzuführen.

Variation:
- bei Musikstopp macht ein Schüler eine der zugeordneten Brain-Gym®-Bewegungsübungen. Alle anderen Schüler machen die Übung nach. Dann schreiben sie die dazugehörige Wortart und ein entsprechendes Wort dieser Wortart auf einen Zettel

3.7 Kleine Bewegungspausen für zwischendurch

Pädagogen stellen im Laufe des Schulvormittags fest, dass Schüler geistig ermüden, unaufmerksam und motorisch unruhig werden.
Bedingt durch Monotonie im Stundenablauf, langandauernde Sitzhaltung und gleichbleibende Umgebung lässt die Bereitschaft zur Mitarbeit nach.
Reglementierung überbrückt nur zeitweise die Notwendigkeit, konzentriert und aufmerksam dem Unterrichtsstoff zu folgen.
Werden trotz Ermüdung gezielt Leistungen unter Druck oder Zwang abverlangt, entwickeln sich häufig Angst, Rückzug, Aggressivität und Störverhalten.
Unterrichtspausen stellen im Fall nachlassender geistiger Aufnahmefähigkeit den notwendigen Ausgleich dar.
Kurzzeitige Bewegungsangebote bieten psychische und physische Erholung für Schüler und Lehrer, verschaffen Interessenszuwendung durch Abwechslung und unterstützen weitere Lern- (und Lehr)tätigkeit.
Die nachfolgenden Spiele unterstützen die Wiederbelebung von Aufmerksamkeit und Konzentration.
Ermüdungserscheinungen werden abgebaut und die Schulfreude gesteigert.
Der Zeitaufwand ist gering, die scheinbar „verlorene Arbeitszeit“ wird durch die wiedergewonnene Aufnahmebereitschaft der Schüler mehr als ausgeglichen.
„Der menschliche Körper kann nicht ohne schädliche Folgen auf einem hohen und intensiven Level emotionaler Spannung verharren ... Man muss sich entspannen, um nicht zu erschöpfen.“[10]

[10] Antonovsky, A. (1997): Salutogenese S. 139

Spiel P1	**„Abrocken“**
Klasse:	VK – 1

Die Schüler stehen in leichter Grätschstellung neben ihrem Tisch.

Sie stampfen mit dem rechten Fuß und rufen dabei:	„Verflixt, verflixt!“
Sie stampfen mit dem linken Fuß und wiederholen:	„Verflixt, verflixt!“
Sie strecken ihre Arme in die Luft	„Ein kleiner Wicht steht hier allein, ...
und zappeln mit dem Körper.	er stampft und tobt vor Wut und Pein!“
Sie springen mit beiden Füßen gleichzeitig.	„Gemein, gemein!“

Spiel P2	**„Zungengymnastik mit der Lesemaus Mimi“[11]**
Klasse:	VK – 1

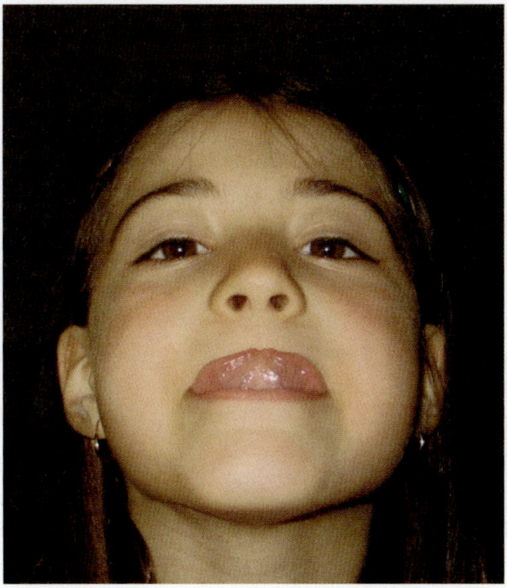

Zungengymnastik mit Mimi

[11] Spiel: Dorothea Beigel

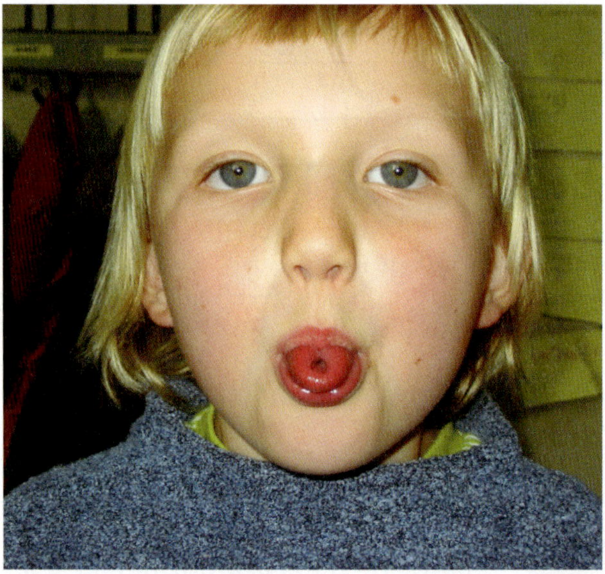

Zungengymnastik mit Mimi

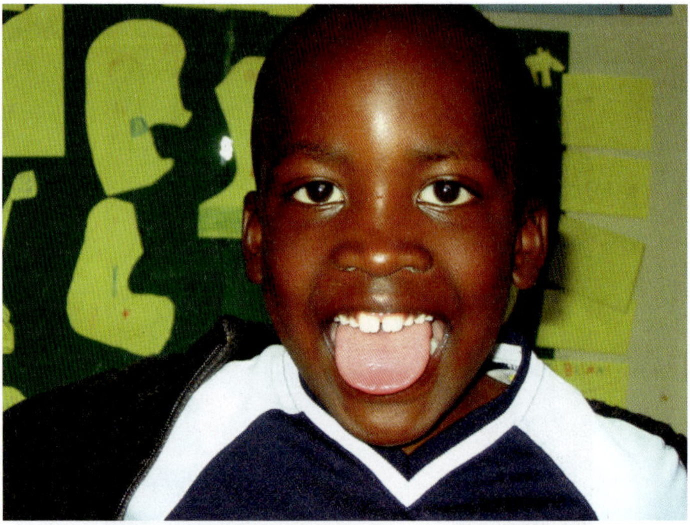

Zungengymnastik mit Mimi

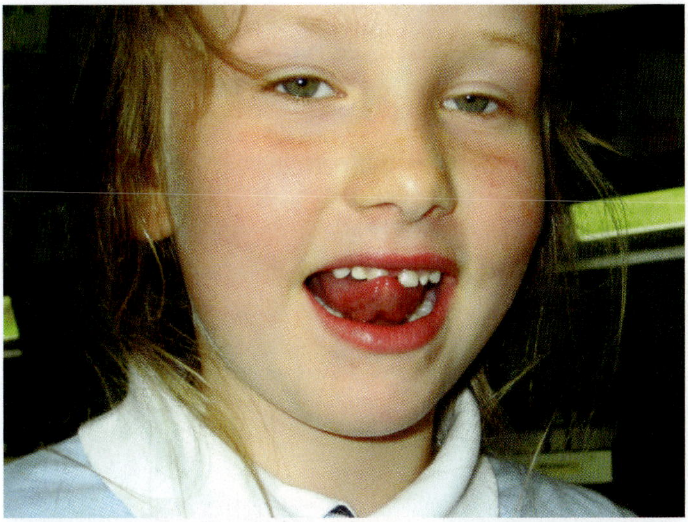

Zungengymnastik mit Mimi

Die Schüler sitzen oder stehen am Tisch und machen zur Kurzgeschichte von Mimi eine Mund- und Zungengymnastik:

Mimi wohnt in einem Höhlenhaus,	Mund rund öffnen
guckt dort gern zum Fenster raus,	Zunge schaut heraus
schaut mal rechts,	Zunge nach rechts
mal links herum,	Zunge nach links
auch nach oben,	Zunge nach oben
unten,	Zunge nach unten
gar nicht dumm.	Zunge im Kreis drehen
Geht hinein und putzt ihr Haus,	im geschlossenen Mund mit der Zunge herum fahren
schüttelt alle Betten aus,	Zunge im geschlossenen Mund auf- und ab bewegen
trägt auch ihren Teppich raus.	gerollte Zunge rausstrecken
Geht ins Haus dann wieder rein	Zunge in den Mund
schrubbt jetzt alle Zimmerlein –	alle Zähne mit der Zunge putzen
ist sie endlich fertig dann,	gähnen und strecken
fängt sie gleich zu lesen an	die Schüler schlagen ihre Bücher auf

Spiel P3	„Hexenverabschiedung“ bei Schulschluss
Klasse:	VK – 2

Schritt vor Schritt, so geh'n ...

Die Schüler stehen sich paarweise gegenüber.
Ein Schüler kreuzt die Arme, der Partner fasst ihn an den Händen.
Die Partner wenden sich mit Blickrichtung zur Klassentür.
Sie setzen gleichzeitig einen Fuß nach dem anderen nach vorn. Dabei strecken und beugen sie abwechselnd den linken und den rechten Arm vor dem Körper. Das rhythmische Sprechen unterstützt die Bewegung:

„Schritt vor Schritt, so geh'n die Hexen,	Schüler gehen in Richtung Ausgangstür
machen ihren Buckel krumm,	Schüler beugen sich beim Gehen nach vorn,
strecken sich dann wieder grade,	Schüler richten während des Gehens ihren Körper wieder auf,
dreh'n sich ganz schnell um“[12]	Schüler machen eine halbe Drehung, ihre Blickrichtung geht dadurch zurück zur Klasse

[12] überlieferter Spruch

Alle Schüler rufen laut „tschüss“ und flitzen aus der Tür.

Variation:

- „Ri, ra, rutsch,
  wir fahren mit der Kutsch.
  Wir fahren mit der Schneckenpost,
  wo es keinen Pfennig kost.
  Ri, ra, rutsch,
  wir fahren mit der Kutsch (umdrehen).
  Ri, ra, rutsch,
  wir fahren mit der Kutsch.
  Mit der Kutsche fahren wir,
  auf dem Esel reiten wir.
  Ri, ra, rutsch,
  wir fahren mit der Kutsch.“[13]
- „Rote Kirschen ess' ich gern,
  schwarze noch viel lieber.
  In die Schule geh ich gern,
  alle Tage wieder.
  Hier wird Platz gemacht für die jungen Damen (umdrehen).
  Saß ein Kuckuck auf dem Ast,
  kam der Regen, macht ihn nass,
  kam der liebe Sonnenschein,
  macht ihn wieder hell und rein.
  Hier wird Platz gemacht, für die jungen Herren“[14] (umdrehen).
- „Eine kleine Dickmadam
  fuhr mal mit der Eisenbahn.
  Dickmadam, die lachte,
  Eisenbahn, die krachte“[15] (umdrehen).

---

[13] überlieferter Spruch
[14] überlieferter Spruch
[15] überlieferter Spruch

Spiel P4	„Fingergymnastik“ mit dem Bleistift, Lineal oder Radiergummi
Klasse:	VK – 3

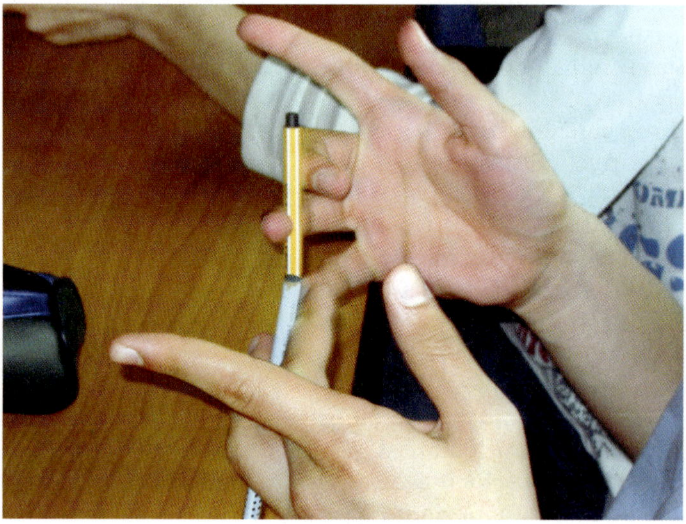

Fingergymnastik

Die Schüler sitzen oder stehen am Tisch.
Jeder Schüler hat einen Stift.
Der Stift wird mit dem Daumen und dem Zeigefinger gehalten. Nun wird er der anderen Hand übergeben und von ihr genauso angenommen.
Der Stift wird dort ohne Mithilfe der anderen Hand zwischen Zeigefinger und Mittelfinger gehalten und der ersten Hand wieder übergeben.
Diese schiebt ihn ohne Mithilfe zwischen Mittelfinger und Ringfinger und übergibt ihn zurück zur anderen Hand. Der Stift wird zwischen Ringfinger und kleinen Finger geschoben und der anderen Hand dementsprechend übergeben.

Variation:
- Geschickte Schüler führen die Gymnastik zusätzlich rückwärts aus
- Geschickte Schüler führen die Gymnastik mit geschlossenen Augen aus

Spiel P5	„Affenstark“
Klasse:	VK – 4

„Wir sind gut, so gut ...“

Die Schüler stehen am Tisch. Folgende Anweisung wird gegeben:

„Wir sind *Affenmänner,*	alle klopfen sich kräftig auf die Schulter
wir sind gut ...!	alle klopfen sich kräftig auf die andere Schulter
Wir sind gut bis in unsere Fingerspitzen!	die Innenarme sind nach oben gerichtet, alle klopfen sich von der Schulter bis in die Handflächen
So gut sind wir ...	Arme drehen, Außenarme sind nun nach oben gerichtet. Alle klopfen von den Fingerspitzen bis hoch zur Schulter
Wir sind gut bis in unsere Fingerspitzen.	die Innenarme der anderen Körperseite sind nach oben gerichtet, alle klopfen sich von der Schulter bis in die Handflächen und zu den Finger spitzen

So gut sind wir ...	Arme drehen, Außenarme sind nun nach oben gerichtet. Alle klopfen von den Fingerspitzen bis hoch zur Schulter
Hey, hey, hey, habt ihr das gesehen?	in den Haaren kräftig kraulen
Wir sind stark und schön ... bis in die Zehenspitzen!	der ganze Körper wird an beiden Seiten in Brusthöhe beginnend bis zu den Fußspitzen beklopft
Und natürlich auch bis über unseren Bauch!	von den Fußspitzen die Innenseite der Beine hoch klopfen bis über Bauch und Brust
Huaaa!	die Thymusdrüse klopfen
Wir sind *Affenfrauen,*	alle klopfen sich „damenhaft" und auf die Schulter
wir sind gut ...	alle klopfen sich „damenhaft" auf die andere Schulter
Wir sind *Affenkinder,*	alle klopfen sich auf die Schulter und hüpfen dabei
wir sind gut ...	alle klopfen sich auf die andere Schulter und hüpfen dabei

Wichtig:

- Das Spiel macht den Schülern besonders Spaß, wenn der Spielleiter auf das Geschlecht und das Alter der Affen eingeht, indem er seine Stimme und seine Körperbewegung dem Affenmann, der Affenfrau und dem Affenkind anpasst

Spiel P6	„Tipp-di-tapp“
Klasse:	VK – 5

Die Schüler stehen am Tisch.
Der Spielleiter ruft schnell hintereinander Körperteile.
Die Schüler berühren die Körperteile.

Variation:
- Die aufgerufenen Körperteile werden bewegt oder gestreichelt, leicht gekratzt, betupft ...
- Farben signalisieren die Art der Berührung
  Beispiel:
- Der Spielleiter ruft ein Körperteil und zeigt dazu eine farbige Karte, die eine vorher vereinbarte Tätigkeit symbolisiert, z.B.:
- Rot = bewegen
- Blau = streicheln
- Gelb = anfassen
- Erschwerend zur Benennung des Körperteils und der farbigen Karte kann zusätzlich ein „rechts – links, vorn – hinten, oben – unten“ Symbol genutzt werden
- Das Spiel wird in einer Fremdsprache gespielt

Spiel P7	„Musik, Musik“
Klasse:	VK – 6
Material:	CD-Player und aktuelle oder beliebte Musik

Die Schüler stehen am Tisch.
Der Spielleiter steht frontal zur Klasse, so dass alle Schüler seine Bewegungen sehen und nachmachen können.
Zur Musik werden die verschiedensten Bewegungen gemacht.
Es wird bewusst darauf geachtet, dass sowohl Körper überkreuzende als auch gleichseitige Bewegungen durchgeführt werden.
Die ersten Bewegungen werden großräumig und schwungvoll mit Armen, Beinen, Schultern, Knien ... durchgeführt.
Dann wird darauf geachtet, dass die Bewegungen immer kleinräumiger und evtl. im Sitzen ausgeführt werden.
Gleichzeitige Überkreuzbewegungen von Augen und Zunge (Augen gehen nach rechts, während die Zunge sich nach links bewegt) oder das

einfache Überkreuzen der Zeigefinger mit gleichzeitigen Auf- und Abbewegen der Zunge beendet das Bewegungsspiel.

Wichtig:

- Jugendliche motiviert es, wenn sie ihre eigene Musik mitbringen können. Die Akzeptanz der vom Lehrer favorisierten Musik wird dadurch gesteigert
- Es ist wichtig, zuerst solche Bewegungen zu machen, die den ganzen Körper fordern. Es bietet die Voraussetzungen, später kleinräumige und gezielte Bewegungen zu genießen
- Überkreuzbewegungen sind wichtig, weil sie die Integration der rechten und der linken Gehirnhälfte unterstützen und ihre Zusammenarbeit fördern. Das gleichseitige Bewegen darf aber nicht vernachlässigt werden. In der motorischen Entwicklung des Menschen hat es ebenfalls einen wichtigen Stellenwert (vgl. ATNR)
- Die Bewegung mit der Zunge hat den schönen Nebeneffekt, dass die Schüler dabei nicht sprechen können. Nutzen Sie die Zungenarbeit zum Schluss der Bewegungseinheit, um mit kurzen Worten direkt danach in die Lerneinheit überzuleiten

Spiel P8	**„Schere, Stein, Papier“**[16]
Klasse:	VK – 6

Die Schüler stehen sich gegenüber.
Die Hände sind auf dem Rücken.
Es wird gezählt: „eins, zwei, drei.“
Bei „drei“ zeigen beide Spielpartner ihre Hände in bestimmter Form:

Schere	die ausgestreckten Mittel und Ringfinger, die zu einem V gehalten werden
Stein	die gefaustete Hand
Papier	die flache Hand

Gewonnen hat, wer nach folgendem Prinzip die „überlegene Handform“ gewählt hat:
Schere schneidet Papier,
Papier wickelt den Stein ein,
Stein schleift die Schere.

[16] altes überliefertes Kinderspiel

Spiel P9	**„Zehn Messer …“ für wilde Kerle und zarte Seelchen**
Klasse:	VK – 6

Die Schüler stehen paarweise am Tisch.
Ein Schüler steht mit dem Rücken zum Partner.
Das Spiel der Hände auf dem Rücken des Schülers beginnt:

1. Massagespiel für „wilde Kerle“[17]

„Zehn Messer im Rücken	mit den Fingern am Rücken Messerstiche nachmachen
Zehn Spinnen im Haar	mit den Händen durch die Haare kraulen
Blut fließt über den Rücken	mit den Händen über den Rücken streichen
Dracula war da!“	der Hintere umfasst plötzlich fest die Schultern des Partners

2. Massagespiel für „zarte Seelchen“[18]

„Zehn Blümchen am Rücken	mit den Fingern am Rücken zart Blümchen tupfen
Zehn Schmetterlinge im Haar	mit den Händen zart durch die Haare streicheln
Sonne fließt über den Rücken	mit den Händen zart über den Rücken streichen
Der Frühling ist da!“	der Hintere umfasst liebevoll die Schultern des Partners

Spiel P10	**„Wecken-Strecken“**
Klasse:	VK – 10

Die Schüler sitzen am Tisch:

„Wecken“:	mit den Händen flach auf den Tisch schlagen
„Strecken“:	die Arme in die Luft strecken
„Wecken“:	mit den Füßen trampeln
„Strecken“:	Beine lang strecken
„Wecken“:	mit dem Po kurz vom Stuhl aufstehen und wieder hinsetzen

[17] überliefertes Kinderspiel
[18] Dorothea Beigel

„Strecken“: aufstehen und sich lang strecken
„Setzen“: Wasser trinken

Spiel P11	**„Fingerolympiade 1“**
Klasse:	VK – 10

Die Schüler sitzen oder stehen am Tisch.
Ein Stift wird zwischen beide Daumen genommen und einmal ohne Hilfe der anderen Finger gedreht.
Der Stift wandert zwischen die Zeigefinger der beiden Hände, wird zwischen sie genommen und einmal ohne Hilfe der anderen Finger gedreht.
Der Stift wandert zwischen die Mittelfinger der beiden Hände, ...
bis er zuletzt von den beiden kleinen Fingern gemeinsam gedreht wird.

Spiel P12	**„Fingerolympiade 2“**
Klasse:	VK – 10

Fingerolympiade 2

Die Schüler sitzen oder stehen am Tisch.
Ein Stift wird mit Daumen und Zeigefinger gehalten.
Er wird ohne Hilfe der anderen Hand von Daumen und Zeigefinger zu Zeigefinger und Mittelfinger weitergegeben ... bis er zwischen Ringfinger und kleinem Finger ankommt. Der Stift wandert auf demselben Weg zurück.

Variation:
- Geschickte Schüler versuchen es auch mit der anderen Hand
- Geschickte Schüler versuchen es auch mit beiden Händen gleichzeitig
- Geschickte Schüler versuchen es blind
- Geübte Schüler spielen das Spiel auf Zeit
- Geübte Schüler geben gegengleich den Stift in der einen Hand von Daumen/Zeigefinger, in der anderen Hand von Kleinfinger/Ringfinger zum nächsten Finger

Spiel P13	**„Buckelrutschen“**
Klasse:	VK – 10

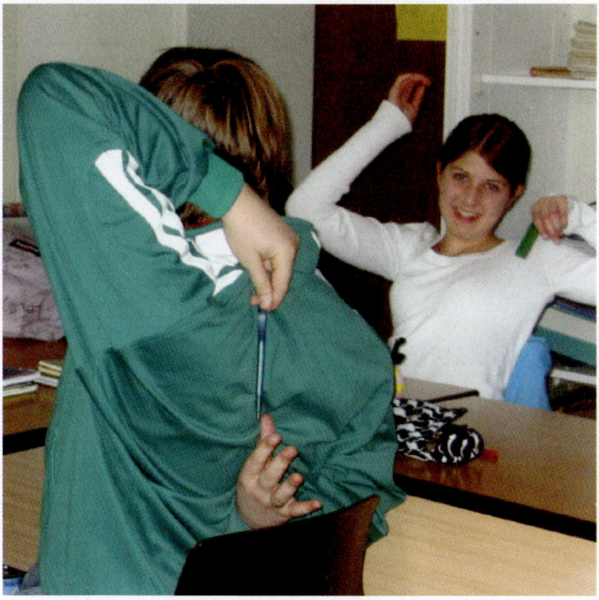

Beweglichkeit beim „Buckelrutschen“

Die Schüler sitzen oder stehen am Tisch.
Die Schüler geben einen Bleistift mit der rechten Hand über die rechte Schulter nach hinten zum Rücken. Die linke Hand nimmt den Bleistift entgegen.
Danach wird der Bleistift mit der linken Hand über die linke Schulter nach hinten zum Rücken gegeben. Die rechte Hand übernimmt den Bleistift.
Die Bewegungen werden mehrmals wiederholt.

Wichtig:

- Bei Schülern, die Schwierigkeiten mit dem Weitergeben des Bleistifts haben, bietet es sich an, ein Lineal für diese Bewegungsübung zu nutzen. Das Lineal ist wegen seiner Länge leichter weiter zu geben

Spiel P14	**„Tafelputzen“**
Klasse:	VK – 10

Die Schüler stehen paarweise im Raum.
Der Rücken des einen Schülers stellt die Tafel dar, die flache Hand des anderen den Schwamm:

Die Tafel wird geputzt	wahlloses Reiben des Rückens mit den flachen Händen
Die Tafel wird streifenfrei geputzt	der Rücken wird mit den flachen Händen wiederholend von oben nach unten gestrichen
Der Schwamm wird auf die Tafel gelegt	eine Hand wird auf eine beliebige Stelle des Rückens gelegt und dort für eine kurze Weile gelassen – die Hand wird weggenommen, auf eine andere Stelle gelegt

Die Tafel wird so geputzt, wie es am angenehmsten ist.
Danach ist Partnerwechsel.

Wichtig:

- Das Spiel trägt dann zur Unterstützung des Unterrichts bei, wenn der „Massierte“ bestimmen kann, was ihm in diesem Moment am besten tut

Variation:

- Das Spiel kann verändert werden, indem der Rücken ein Backblech darstellt, auf dem gerollt, ausgestochen, geknetet wird ... und der „Kuchen“ oder die „Pizza“ angibt, wie er/sie am besten zu backen ist.

„Pizza backen“

„Pizza backen“

Teig kneten	den Rücken mit den Händen kräftig massieren
Teig ausrollen	mit den Fäusten von den Schultern beginnend nach unten ziehen
Teig belegen (Salami, Schinken ...)	mit den flachen Händen auf den Rücken drücken
Teig belegen (Oliven, Gurken ...)	mit dem Daumen leicht in die Muskeln des Rückens drücken
Teig belegen (Reibekäse)	mit den Fingern über den ganzen Rücken kribbeln
Tomatenmark zugeben	mit den Händen über den Rücken streichen
In den Ofen legen	der Partner legt sich auf den Rücken des anderen, bis die „Pizza“, der „Kuchen“ ruft: „Ich bin fertig“

Variation:

- Dies Spiel kann verändert werden, indem der Rücken einen Garten oder eine Wetterkarte darstellt, auf dem/der gearbeitet wird ... und der Garten/die Wetterkarte angibt, wie auf ihm/ihr am besten gearbeitet wird.

Wichtig:

- Die „Pizza“ (der „Kuchen“, der „Garten“ ...) bestimmt, wann sie (er) fertig ist!
  Die taktil-propriozeptive Befindlichkeit des „massierten“ Schülers gibt damit den Hinweis, wie lange körperliche Nähe erwünscht ist.

„Gartenarbeit“

„Gartenarbeit“

Die Erde wird gelockert	der Rücken wird mit den Händen kräftigt massiert
Die Erde wird mit dem Rechen bearbeitet	von oben beginnend wird mit den Fingerspitzen über den Rücken gezogen
Den Garten hacken	der Rücken wird mit je vier Fingern beklopft

Das Unkraut zupfen	Überall am Rücken leicht die Haut zupfen
Die Erde lockern	mit flachen Händen über den Rücken streichen
Furchen in die Erde ziehen	von den Schultern beginnend mit einem Finger gerade Linien ziehen
Die Pflanzen werden gesetzt	mit den Daumen werden einzelne Punkte am Rücken gedrückt
Die Pflanzen werden gegossen	mit den Fingern wird über den Rücken gekribbelt
Die Erde um die Pflanzen wird festgeklopft	mit den Fäusten leicht auf dem Rücken klopfen
Die Sonne scheint und wärmt den Garten	ein Schüler legt sich auf den Rücken des anderen Schülers, bis die „Blumen“ rufen: „Wir blühen!“

„Wetterkarte“

Warmes, freundliches Wetter herrscht vor	der Rücken wird gestreichelt
Kräftiger Wind kommt auf	der Rücken wird von oben nach unten massiert
Regen zieht durch das Land	der Rücken wird mit den Fingerkuppen gekribbelt
Es stürmt	der Rücken wird wild und fest gerubbelt
Es hagelt	der Rücken wird mit je vier Fingerkuppen getupft
Das Wetter beruhigt sich	der Rücken wird mit flachen Händen gestreichelt
Einzelne Landesteile liegen im Nebel	die Hand wird flach auf verschiedene Stellen des Rückens gelegt
Die Sonne scheint	der Rücken wird sanft mit flachen Händen gestreichelt

Spiel P15	„Rückengespräch“
Klasse:	VK-10

„Rückengespräche“

„Rückengespräche“ können zur Begrüßung, zum Abschied oder als Auflockerung im Unterricht gemacht werden.
Die Schüler stehen Rücken an Rücken.
Sie werden zum „Rückengespräch“ aufgefordert, z.B.:
„Erzählt euch mit dem Rücken, wie und worauf ihr sauer seid“
„Erzählt euch mit dem Rücken, was ihr besonders gern mögt“
„Erzählt euch mit dem Rücken, wie es ist, wenn ihr entspannt seid“
„Erzählt euch mit dem Rücken, wie es ist, wenn ihr gute Musik hört“
„Schreibt euch einen Brief mit dem Rücken“
„Malt ein Bild mit dem Rücken“
„Lauscht mit dem Rücken“ ...

Variation für junge Schüler:

- Die Schüler sind Bären, sie stehen Rücken an Rücken:
  „Brumm, brumm brumm,
  ich bin ein brauner Bär.
  Ich schüttel mir mein Bärenfell,
  wie ist das dick und schwer.

Brumm, brumm, brumm,
rundherum, gar nicht dumm,
langsam und schnell
schüttel ich mein Bärenfell.
Brumm, Brumm, Brumm,
sieh dich um,
von der Mitte bis zur Seite raus, schüttle ich mein Fell jetzt aus."

- Die Schüler sind Autos, sie stehen Rücken an Rücken:
  „Ich fahre hier, ich fahre da,
  ich fahre nach Amerika,
  ich fahre hier, ich fahre dort,
  ich fahre gleich an jeden Ort.
  Mein liebes Auto, danke schön,
  ich sage dir auf Wiederseh'n.

- Die Schüler stehen Rücken an Rücken:
  „Der Wurm ist hier,
  der Wurm ist da,
  der Wurm ist überall,
  – oh Graus!
  Der Wurm soll raus,
  ich reibe hier,
  ich schüttle da,
  ich schüttle überall
  und klopfe ihn heraus.
  Mein lieber Freund, ich danke schön,
  ich freu mich auf ein Wiederseh'n."
  (Selbstgedichtet von Schülern)

Spiel P16	**„Body-Percussion"**
Klasse:	VK – 10

Die Schüler stehen oder sitzen und machen mit ihrem Körper „Musik":
Es wird in die eigenen Hände geklatscht
Es wird auf die eigenen Oberschenkel geklatscht
Es wird mit den Fingern geschnipst
Es wird überkreuzt auf die eigenen Schultern geklopft
Die Abfolge wird mehrmals wiederholt.

Variation:
- Die Bewegungen werden mit Tempo- und Rhythmuswechsel durchgeführt
- Zusätzliche Körperbewegungen und Körpergeräusche werden erfunden, z.B. mit der Zunge schnalzen, pfeifen, auf die aufgepusteten Wangen klopfen, mit den Füßen stampfen ...
- Zu den Bewegungen wird rhythmisch gezählt oder gesprochen, z.B. „eins, zwei, drei, vier“ oder „ha, he, hul – cool“
- Es werden Geschichten und Gespräche zur Body-Percussion erfunden
- Die Körpermusik kann als Kanon durchgeführt werden

Wichtig:
- Für junge und ungeübte Schüler ist es hilfreich, die ersten zwei Körperbewegungen so lange zu wiederholen, bis sie sicher und automatisiert sind. Erst dann folgen die nächsten Körperbewegungen

Spiel P17	**„Gähn-Party“**
Klasse:	VK – 10

Bei dem Wort „Gähn-Party“ beginnen die Schüler laut zu gähnen und sich zu strecken.
Nach ca. drei Minuten wird die „Gähn-Party“ mit dem Trinken von Wasser beendet.

Variation:
- Gähnen kann durch gurrende grunzende, knurrende, wehklagende, flötende ... Laute begleitet werden

Wichtig:
- Das Spiel soll kein unangemessenes Verhalten schulen oder auffordern, sich flegelhaft zu benehmen
- Es hat zum Ziel, das Gehirn durch tiefe Atmung mit frischem Sauerstoff zu versorgen
- Es dient der Entspannung des Kiefergelenks, der Kaumuskulatur und der Muskeln rings um die Augen. Verspannung kann zu Kopfschmerzen führen
- Gähnen sorgt für das Befeuchten der Augen durch Tränenflüssigkeit. Angespannte, trockene Augen können angestrengtes und verschlechtertes Sehen zur Folge haben

- Gähnen unterstützt die Entspannung und Lockerung des Solarplexusbereichs und der Bauchmuskeln. Ständiges Verspannen der Muskulatur hat häufig Verdauungsbeschwerden zur Folge.

	„Ohrmassage“
Klasse:	VK – 10

Die Schüler massieren kreisförmig das Gebiet um ihre Ohren herum.
Danach folgt eine gründliche Massage der Ohren selbst:
Begonnen wird mit den Ohrrändern, die zwischen Daumen und Zeigefinger von oben nach unten zart massiert werden.
Die Ohrläppchen werden sanft nach unten gezogen.
Abschließend werden die inneren Teile des Ohrs vorsichtig massiert.
Die „Ohrmassage“ endet mit dem Trinken von Wasser.

Variation:

- In Kleingruppen und in Klassen, die vertraut sind, ist die Ohrmassage als Partnerarbeit möglich

Wichtig:

- Die Massage hat zum Ziel, das auditive Wahrnehmungssystems zu aktivieren, den Bereich um die Ohren stärker zu durchbluten und die Akupressurpunkte am Ohrrand zu stimulieren

Spiel P19	**„Augengymnastik 1“**
Klasse:	VK – 10

Die Schüler schließen ihre Augen.
Sie legen ihre Mittelfinger auf den unteren Rand der Augenhöhlen, drücken dort leicht und kreisen einige Sekunden um diese Stelle.
Dann wandern die Finger mit den sanften Bewegungen um das ganze Auge.

Wichtig:

- Schüler schätzen es, wenn die beschriebene Augenentspannung, die auch Auswirkungen auf die Hals-Nackenmuskulatur hat, durch leise Musik unterstützt wird

Spiel P20	„Augengymnastik 2“
Klasse:	VK – 10

Die Schüler reiben ihre Hände stark gegeneinander.
Sie schließen die Augen und legen die durch das Reiben leicht erwärmten Hände vor die Augen.
Sie genießen die Dunkelheit.
Ihre Hände verlassen die Augen langsam, dabei spreizen sich die Finger. Beim Öffnen blinzeln die Augen. Die Übung wird wiederholt.

Spiel P21	„Augengymnastik 3“
Klasse:	VK – 10

Die Schüler verfolgen mit den Augen blinzelnd, für ein bis zwei Minuten, bei langsamen Kopfbewegungen die Umrisse einzelne Gegenstände im Raum.
Danach werden die Augen für einen Augenblick geschlossen und die Hände vor das Gesicht gelegt.

3.8 Klatsch- und Fingerspiele zum Überkreuzen der Körpermittellinie

Finger- und Klatschspiele gehen immer mehr verloren.
Für die Schule sind diese Spiele pädagogisch wertvoll, denn sie dienen der Förderung von senso-motorischer, sprachlich-geistiger und emotionaler Entwicklung.
Sie geben Impulse zum Kennenlernen des eigenen Körpers, unterstützen das Überkreuzen der Körpermittellinie und üben die Beweglichkeit der Finger, der Feinmotorik und der Auge-Hand-Koordination.
Die Sprache der Schüler wird beim Finger- und Klatschspiel durch Melodie und Rhythmus unterstützt, der Wortschatz erweitert.
Mundmotorische Übungen verbessern die Beweglichkeit von Lippen und Zunge und tragen damit zur besseren Artikulation bei.
Finger- und Klatschspiele machen Spaß, initiieren das Zusammenspiel mit Partnern und lassen Nähe und soziale Kontakte zu.

3.8.1 Fingerspiele zum Überkreuzen der Körpermittellinie

Steigt der Peter...

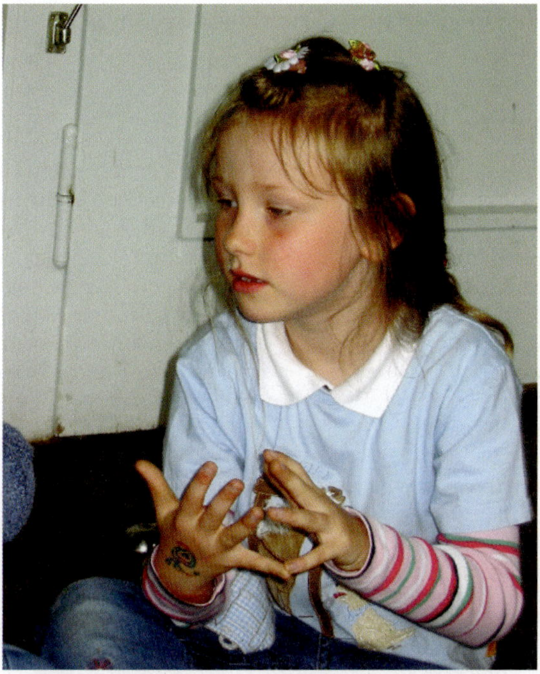

„... hüpft von Ast zu Ästchen“

Steigt der *PETER*[19] auf den Baum steigt so hoch, man sieht es kaum.	Finger der rechten Hand krabbeln an linkem Arm hoch
Hüpft von Ast zu Ästchen,	Finger der rechten Hand hüpfen von einem Finger der linken Hand zum anderen
schlüpft ins Vogelnestchen.	Finger der rechten Hand schlüpfen in leicht gebeugte und nach oben geöffnete linke Hand
Hei da lacht es,	In die Hände klatschen
hei da kracht es,	Hände auseinander
bums – da liegt er unten.	Auf die Oberschenkel klatschen
„Hast Du dir wehgetan?“	

[19] Hier wird der Name eines Kindes eingesetzt, welches gern auf den Baum steigen möchte

Beispiel:

a.	„Ja“:	
„Wird schon wieder gut“		Jede Schulter streicheln
b.	„Nein“:	
„Hast Du gut gemacht“		Jede Schulter klopfen

(Variation zum alten Kinderreim von Friedrich Güll)...

Fünf Gespenster

Fünf Gespenster hockten vor dem Fenster	Die Finger der rechten oder linken Hand strecken sich und spreizen auseinander
Das erste schreit „Haaa!“	Der Daumen bewegt sich
Das zweite schreit „Hooo!“	Der Zeigefinger bewegt sich
Das dritte brummt „Huuu!“	Der Mittelfinger bewegt sich
Das vierte lacht „Hiii!“	Der Ringfinger bewegt sich
Das fünfte schwebt zu Dir herein.	Der kleine Finger bewegt sich
Und alle flüstern: „Woll'n wir Freunde sein?“	Alle Finger fassen ans eigene gegenüberliegende Ohr und streicheln es

(von Schülern erfunden)

Da kommt der Bär ...

Fingerspiel mit Partnerberührung

Da kommt der Bär und der geht schwer.	Mit den geballten Fäusten auf den Tisch klopfen
Da kommt die Maus, sie will ins Haus.	Mit den Fingern beider Hände über den Tisch krabbeln
Da hüpft der Floh und der macht so.	Mit einem Finger mehrmals auf dem Tisch tippen und sich zum Schluss selbst antippen

Variation:

- einen Mitschüler zum Schluss antippen

(Variation eines alten überlieferten Fingerspiels)

Larifari ...

„Larifari, dicker Wurm!“	Zeigefinger kriecht über den Arm der anderen Körperseite
ruft der Vogel von dem Turm.	Daumen und Zeigefinger der anderen Körperseite bewegen sich wie ein Schnabel zusammen und auseinander
„Bisel, basel, ach Du Schreck!“	Beide Hände werden geöffnet zur Seite gehalten
kriecht der Wurm schnell wieder weg.	Zeigefinger kriecht in Ärmel oder Tasche der Kleidung

(überlieferter Vers)

Ich ging einmal ...

Ich ging einmal nach Butzlabee,	Mit Zeige- und Mittelfinger über den Tisch gehen
da kam ich an ‘nen großen See.	Mit beiden Händen einen Kreis beschreiben
Am Ufer stand ein Mühlenhaus,	Hände überkreuzend auf die Brust legen
da schauten fünf Hexen zum Fenster raus.	Fünf Finger abgespreizt zeigen
Die erste sprach: „Komm, iss mit mir!“	Daumen in die Höhe
Die zweite rief: „Komm, sprich mit mir!“	Daumen und Zeigefinger in die Höhe
Die dritte bat: „Komm, spiel mit mir!“	Daumen, Zeigefinger und Mittelfinger in die Höhe

Die vierte haucht: „Komm, tanz mit mir!“	Daumen, Zeige-, Mittel- und Ringfinger in die Höhe
Die fünfte nahm den Mühlenstein und warf ihn mir an dieses Bein.	Fünf Finger spreizen Hand zur Faust machen und Körper überkreuzend ans gegenüberliegende Bein klopfen
Da schrie ich laut: „Ojemine, ich komm nicht mehr nach Butzlabee!“ (überlieferter Vers)	In die Hände klatschen

3.8.2 Finger-Tischgruppenspiel

Ich hab' gefischt ...

Alle Kinder legen ihre Hände flach in die Mitte des Tisches, sie sind die Fische im Meer.
Ein Schüler schließt die Augen, er ist der Fischer.
Seine Hand bewegt sich kreisend über dem Tisch, während er seinen Spruch sagt.
Die Geschwindigkeit der Worte kann von ihm selbst variiert und gewählt werden.

Bei dem Wort „erwischt“, versucht er die Hand eines Mitschülers zu berühren.
Diese versuchen jedoch, sich durch schnelles Zurückziehen der Hände zu retten.
Wer berührt wurde, ist neuer Fischer:
„Ich hab gefischt, ich hab gefischt,
ich hab die ganze Nacht gefischt,
hab immer noch keinen,
hab immer noch keinen
Fisch erwischt“
(überlieferter Vers zum Spiel mit Fingern)

3.8.3 Einfache Klatschspiele zum Überkreuzen der Körpermittellinie

Klatschspiel

Eigene Hände klatschen zusammen,
rechte Hand klatscht in rechte Hand des Partners,
eigene Hände klatschen zusammen,
linke Hand klatscht in linke Hand des Partners
eigene Hände klatschen zusammen ....

Variation:

- Mit geübten Gruppen wird das ganze Spiel durch die dementsprechende zusätzliche Beinarbeit unterstützt:
  - klatschen in die eigenen Hände, gleichzeitig eigene Knie zusammen
  - rechte Hand gegen rechte Hand des Partners, gleichzeitig rechtes Knie gegen rechtes Knie des Partners
  - linke Hand gegen linke Hand des Partners, gleichzeitig linkes Knie gegen linkes Knie des Partners
  - klatschen in die eigenen Hände, gleichzeitig eigene Knie zusammen
- Erhöhung des Schwierigkeitsgrades durch das zusätzliche Überkreuzen am eigenen Körper:
  - klatschen in die eigenen Hände, gleichzeitig eigene Knie zusammen
  - rechte Hand gegen rechte Hand des Partners, gleichzeitig linkes Knie gegen linkes Knie des Partners
  - linke Hand gegen linke Hand des Partners, gleichzeitig rechtes Knie gegen rechtes Knie des Partners
  - klatschen in die eigenen Hände, gleichzeitig eigene Knie zusammen

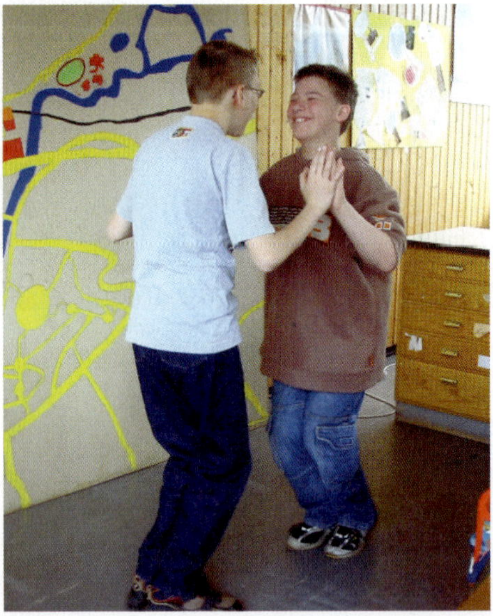

Das Klatschspiel wird mit Händen und Knien gespielt

eine Hand und ein Knie der selben Körperseite treffen sich mit Hand und Knie des Partners

Sprüche zum Klatschspiel

Am Montag fängt die Woche an,
der Dienstag schließt sich daran an.
Am Mittwoch sind wir in der Mitte.
Für Donnerstag hab ich 'ne Bitte:
Kommt am Freitag mich besuchen,
dann backen wir am Samstag Kuchen.
Am Sonntag essen wir ihn auf,
so nimmt die Woche ihren Lauf.
(übernommen von Frau Müller und der Klasse E2c in der Ludwig-Erk-Schule, Wetzlar)

Eine kleine graue Maus
fuhr mit ihrem Auto aus.
Kam die Mäusepolizei,
lässt die Mäuschen nicht vorbei.
„Nimm vom Lenkrad deine Pfoten,
Auto fahrn ist hier verboten!"
Was macht unsre kleine Maus –
dreht sich um und geht nach Haus.
(überlieferter alter Vers)

A, B, C, wen ich da seh,
D, E, F, wen ich da treff?
G, H, I, das ist doch sie!
J, K, L, ich bin sehr schnell.
M, N, O, wie bin ich froh!
P, Q, R, das ist nicht schwer,
S, T, U, hör mir mal zu!
V, W, X, hörst du denn nix?
Y, Z, dann geh zu Bett!
(von Schülern gereimt)

Eins, zwei, Papagei,
drei, vier, Offizier,
fünf, sechs, alte Hex,
sieben, acht, Kaffee gemacht,
neun, zehn, weiter gehn,
elf, zwölf, junge Wölf,
dreizehn, vierzehn, Haselnuss,
fünfzehn, sechzehn, gib ’nen Kuss.
(überlieferter Spruch)

Sieben kleine Wänzchen,
die tanzten ein neues Tänzchen,
sie gaben sich alle schnell die Hand
und schubsten sich gegen die große Wand.
Die Wand, die fing zu wackeln an,
die Wänzchen fingen zu zappeln an,
da war das Tänzchen aus
und wir geh’n schnell nach Haus.
(von Schülern gereimt)

Eine dicke Suppennudel,
ritt auf einem schwarzen Pudel,
fiel ins Gras, oh, jemine,
tat der ganze Bauch ihr weh.
Kam die Ziege, meck, meck, meck –
fraß die ganzen Nudeln weg.
(überlieferter Vers)

Ein Herr in Badehose stand
an einem wunderschönen Strand.
Der schlug sich vor die Stirn: Wieso?
Doch schlug er sich auch anderswo:
auf Schenkel, Schulter, Buckel, Bauch,

auf Hals, Ohr, Kinn, Knie, Wade auch.
Der Herr war unter uns gesagt,
im Augenblick auf Mückenjagd.
(überlieferter Vers)

Auf dem Berge Sinai
wohnt der Schneider Kikeriki.
Seine Frau, die Margarete,
saß auf dem Balkon und nähte,
fiel herab, fiel herab
und das linke Bein brach ab.
Kam der Doktor angerannt, mit der Nadel in der Hand.
Näht es an, näht es an,
dass sie wieder laufen kann.
(überlieferter Vers)

„Guten Tag, Herr Gärtnermann,
haben sie Lavendel,
Rosmarin und Thymian
und ein wenig Quendel?"
„Fräulein, ja, das haben wir,
hier in unsrem Garten,
wollen sie so freundlich sein
und ein wenig warten?"
(überlieferter Vers)

Mi, Ma, Mäuschen,
wir sind ganz aus dem Häuschen.
Wir haben heute Schule aus
und laufen jetzt ganz schnell nach Haus.
Dort spielen wir ein neues Spiel
Und drehen dabei ganz, ganz viel.
(von Schülern gedichtet)

In einer kleinen Schule,
da sieht es lustig aus,
da drinnen ist kein Lehrer,
da wohnt nur eine Maus.
Die Maus, die will nur tanzen,
sie braucht auch keinen Ranzen.
Die Maus, die will nicht schreiben,
sie will nur gerne bleiben.
(von Schülern gedichtet)

3.8.4 Klatschspiele für Profis

„Finger-Daumen ...“

Finger	Zeigefinger der rechten Hand treffen sich
Daumen	Daumen der linken Hand treffen sich
Hand	Rechte Hand klatscht an rechte Hand des Partners
Ell-bo-gen	Eigene rechte Hand klatscht dreimal unter eigenen linken Ellenbogen
Arme	Beide Arme in die Luft
Beine	Einmal parallel mit den Händen auf eigene Oberschenkel klatschen
an-ge-ho-ben	Überkreuzbewegungen: einmal rechte Hand auf linkes angehobenes Bein überkreuzt klatschen, einmal linke Hand auf rechtes angehobenes Bein überkreuzt klatschen
Hüfte	Rechte Hüfte an rechte Hüfte des Partners
Hüfte	Linke Hüfte an linke Hüfte des Partners
Schultern	Beide Partner drehen sich um, so dass sich Rücken an Rücken die Schultern berühren
Po	Po stupst an Po
Go, go, go	Umdrehen, sich angucken und dabei mit beiden Händen dreimal schnipsen
Finger	Zeigefinger der linken Hand treffen sich
Daumen	Daumen der rechten Hand treffen sich
Hand	Linke Hand klatscht an linke Hand des Partners
Ell-bo-gen	Eigene linke Hand klatscht dreimal unter eigenen rechten Ellenbogen
Arme	Beide Arme in die Luft
Beine	Einmal parallel mit den Händen auf eigene Oberschenkel klatschen
an-ge-ho-ben	Überkreuzbewegungen: einmal rechte Hand auf linkes angehobenes Bein überkreuzt klatschen, einmal linke Hand auf rechtes angehobenes Bein überkreuzt klatschen
Hüfte	Linke Hüfte an linke Hüfte des Partners
Hüfte	Rechte Hüfte an rechte Hüfte des Partners
Schultern	Beide Partner drehen sich um, so dass sich Rücken an Rücken die Schultern berühren
Schluss	Umdrehen, Arme auf Handgelenkshöhe überkreuzen, dem Partner in die Hände klatschen
und Handkuss	Mit beiden Händen Handkuss in der Luft andeuten

Spruch des Partner-Klatschspiels:

Finger, Daumen, Hand, Ellbogen,
Arme, Beine, angehoben,
Hüfte, Hüfte, Schulter, Po,
go, go, go!
Finger, Daumen, Hand, Ellbogen,
Arme, Beine, angehoben,
Hüfte, Hüfte, Schulter, Schluss -
und Handkuss.
(von Schülern erfunden)

„Oben, unten ...“

„oben ...“

Spruch des Partner-Klatschspiels:

Oben, unten, vorn und hinten,
wo kann ich dich heute finden,
im Süden, im Norden,
im Osten, im Westen,
wo gefällt es Dir am besten?
(von Schülern erfunden)

Oben	Rechter Arm gestreckt, Partner klatschen sich in die Hände
Unten	Linker Arm nach unten gestreckt, Partner klatschen sich in die Hände
Vorn	Parallel in die Hände klatschen; alternativ für Geübte sind die Hände in Handgelenkshöhe überkreuzt, dabei klatschen sich die Gegenüberstehenden in die Hände
Und hinten	Umdrehen und sich parallel in die Hände klatschen
Wo	Parallel in Hände klatschen
Kann	An eigenen Händen in Handgelenkshöhe überkreuzt in Partnerhände klatschen
Ich	Parallel in Hände klatschen
Dich	An eigenen Händen in Handgelenkshöhe überkreuzt in Partnerhände klatschen
Heute	Parallel in Hände klatschen
Finden	An eigenen Händen in Handgelenkshöhe überkreuzt in Partnerhände klatschen
Im Süden	Rechter Arm gestreckt, Partner klatschen sich in die Hände
Im Norden	Linker Arm nach unten gestreckt, Partner klatschen sich in die Hände
Im Osten	Parallel in die Hände klatschen; alternativ für Geübte sind die Hände in Handgelenkshöhe überkreuzt, dabei klatschen sich die Gegenüberstehenden in die Hände
Im Westen	Umdrehen und sich parallel in die Hände klatschen, danach in die eigenen Hände klatschen
Wo	Parallel in Hände klatschen
Gefällt	An eigenen Händen in Handgelenkshöhe überkreuzt in Partnerhände klatschen
Es	Parallel in Hände klatschen
Dir	An eigenen Händen in Handgelenkshöhe überkreuzt in Partnerhände klatschen
Am besten	In die eigenen Hände klatschen, zweimal hintereinander parallel in die Hände des Partners klatschen

„Spaghetti und Chili ...“

Klatschen mit gekreuzten Händen

Die Partner stehen sich gegenüber:
- klatschen in die eigenen Hände
- rechte Hand gegen rechte Hand des Partners
- klatschen in die eigenen Hände
- linke Hand gegen linke Hand des Partners
- klatschen in die eigenen Hände
- parallel mit beiden Händen in die parallelen Hände des Partners
- klatschen in die eigenen Hände
- gekreuzte Hände gegen die gekreuzten Hände des Partners

und wieder von vorne

Spruch des Partner-Klatschspiels

Wo gibt es heute was zu essen,
wer hat das alles aufgefressen,
da war doch noch Pizza mit Eis,
mir wird jetzt ganz heiß.
Spaghetti und Chili
für den Willi,
Burger und Cola
für die Lola.
Wo ist das alles hin?

Das macht doch wirklich keinen Sinn –
wer war denn so verfressen und hat das aufgegessen?
(von Schülern erfunden)

„Eis, Eis, Eis ...“

Eis, Eis, Eis,	Hände zusammen, rechts auf rechts, Hände zusammen
die Welt ist weiß,	Links auf links, Hände zusammen, rechts auf rechts
Schnee, Schnee, Schnee,	Hände zusammen, rechts auf rechts, Hände zusammen
wohin ich seh.	Links auf links, Hände zusammen, rechts auf rechts
Hol ich gleich das Snowboard raus,	Hände zusammen, rechts auf rechts, Hände zusammen links auf links, Hände zusammen, rechts auf rechts, Hände zusammen
fahre hinter unserm Haus,	Hände zusammen, rechts auf rechts, Hände zusammen, links auf links, Hände zusammen, rechts auf rechts, Hände zusammen
flitze runter	Hände zusammen, rechts auf rechts, Hände zusammen
eins, zwei, drei,	Auf eigene Knie, eigene Hände zusammen, parallel in Partnerhände
rums – vorbei!	Drehung

Spruch des Partner-Klatschspiels:

„Eis, Eis, Eis,
die Welt ist weiß,
Schnee, Schnee, Schnee,
wohin ich seh'.
Hol ich gleich das Snowboard raus,
fahre hinter unserm Haus,
flitze runter
eins, zwei, drei ...
rums – vorbei!“
(von Schülern erfunden)

„Minibar ...“

In einer Mini Minibar, *Klatschspiel zu zweit*
da saß ein alt verliebtes Paar,
sie aßen und sie tranken Wein,
sie wollten nicht alleine sein.
In einer Mini Minibar, *Klatschspiel zu viert*
da saß ein alt verliebtes Paar,
sie aßen und sie tranken Wein,
sie wollten nicht alleine sein.
In einer Mini Minibar, *Klatschspiel zu acht*
da saß ein alt verliebtes Paar,
sie aßen und sie tranken Wein.
sie wollten nicht alleine sein ...
(von Schülern erfunden)

Variation:

- Das Spiel kann erweitert werden, indem das Klatschen nicht nur mit den Händen geschieht, sondern zusätzlich durch die Beinarbeit unterstützt wird. Jedesmal, wenn die eigenen Hände zusammen klatschen, treffen sich auch die Knie
  – in die eigenen Hände klatschen und dabei die eigenen Knie zusammenbringen
  – rechte Hand gegen rechte Hand des Partners, rechtes Knie gegen rechtes Knie des Partners
  – in die eigenen Hände klatschen und dabei die eigenen Knie zusammenbringen
  – linke Hand gegen die linke Hand des Partners, linkes Knie gegen linkes Knie des Partners
  – in die eigenen Hände klatschen und dabei die eigenen Knie zusammenbringen
  – parallel mit beiden Händen in die parallelen Hände des Partners, von beiden stoßen die Knie parallel zusammen (leicht in die Hocke gehen), ...
- Das Spiel kann erschwert werden, indem Hand und Knie des einzelnen Schülers gegengleich arbeiten. Die Schüler klatschen:
  – in die eigenen Hände und bringen die eigenen Knie zusammen
  – rechte Hand gegen rechte Hand des Partners, linkes Knie gegen linkes Knie des Partners
  – in die eigenen Hände und bringen die eigenen Knie zusammen
  – linke Hand gegen die linke Hand des Partners, rechtes Knie gegen rechtes Knie des Partners

- in die eigenen Hände und bringen die eigenen Knie zusammen
- parallel mit beiden Händen in die parallelen Hände des Partners, von beiden stoßen die Knie parallel zusammen (leicht in die Hocke gehen) ...

Das schönste Geschenk an den Menschen ist die Fähigkeit zur Freude!

(Luc de Clapiers Vauvenargues)

4. Bewegung und Entspannung für Lehrer

„Gesundheit wird von Menschen in ihrer alltäglichen Umwelt geschaffen und gelebt, dort wo sie spielen, lernen, arbeiten und lieben.“ (Ottawa-Charta, WHO 1986)

Eine Studie der Universität Potsdam[1] belegt eine Gefährdung bei mehr als 50 % der deutschen Lehrer durch Selbstüberforderung oder wegen des Burnout-Syndroms. Nur um die 15 % aller Lehrer sind nach Angabe dieser Studie gesund und belastbar.

Die Lehrergesundheit muss dringend unterstützt werden.
Neben beruflicher Qualifikation, die zeitgerechte Inhalte praktisch umsetzbar vermitteln muss, ist es notwendig, dass sich das Kollegium gemeinsam um gesundheitsfördernde Rahmenbedingungen für die Lehrerschaft bemüht.
Bewegung eignet sich hervorragend, Körper und Geist, aber auch die Seele gesundheitlich zu stärken.
Bewegung lindert Symptome von Depressionen. Schon halbstündige Übungen an drei bis fünf Tagen verringern Beschwerden um die Hälfte und entsprechen damit der Wirkung von Antidepressiva.[2]

Auf die alltägliche Praxis bezogen bedeutet es:
- Beginnen wir, unsere Gesundheit bereits heute durch Bewegung und Entspannung in der Schule zu fördern.
- Einen Teil im Unterricht – einen anderen Teil im Lehrerzimmer.
- Tür zu – es geht los!

Damit es nicht erst kommt zum Knackse,
erfand der Mensch die Prophylaxe.
Doch lieber beugt der Mensch, der Tor,
sich vor der Krankheit als ihr vor

(Eugen Roth)

[1] Die Welt, 10.4.2003, S. 6
[2] WNZ, 27.3.2005, S. 4

4.1 Für die kleine Pause (auch im Sitzen möglich!)

Dem Gehirn eine Pause gönnen:

- Öffnen Sie die Fenster, atmen Sie tief ein und aus
- Sehen, fühlen, riechen Sie etwas sehr Schönes im „Kopfkino"

Energie tanken:

- Rollen Sie einen Bleistift schnell zwischen den Handflächen
- Trinken Sie Wasser
- Kreisen Sie mit Händen und Füßen in beide Richtungen. Schließen und öffnen Sie danach Hände und Füße gleichzeitig mehrmals hintereinander

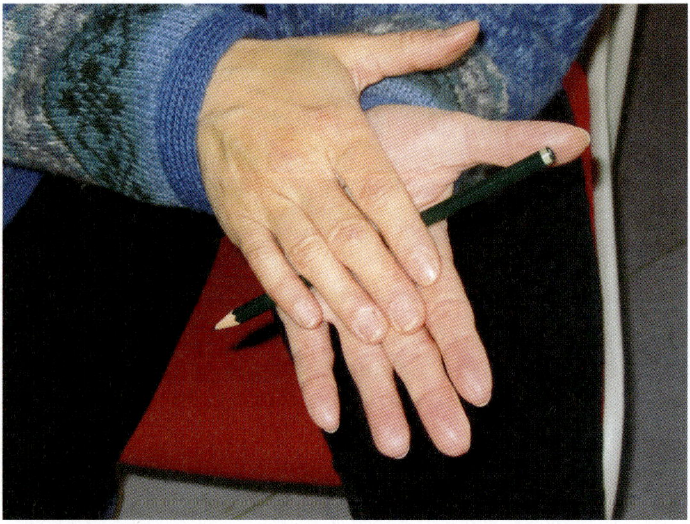

Bleistift rollen

Aktivieren und Entspannen:

- Trommeln Sie mit den Fingern auf einer harten Unterlage, das aktiviert das Denkvermögen
- Gähnen Sie, das entspannt die Augen und den Kiefer
- Halten Sie einen Stift mit den Zähnen fest, ohne ihn mit den Lippen zu berühren. Das beansprucht die Gesichtsmuskulatur ähnlich wie Lächeln und führt dadurch zu einer Hormonausschüttung im Gehirn. Ihre Laune bessert sich

Aktivieren und Entspannen

Atempause und Dampf ablassen

- Stellen Sie sich ans geöffnete Fenster. Atmen Sie mehrmals ein und aus und pusten Sie dabei kräftig ihren Ärger und ihre Anspannung zum Mund hinaus. Ein leichtes Fauchen kann das Ausatmen intensivieren.
  Anschließend bleiben Sie einen Moment ruhig stehen und spüren die wachsende Ruhe in Ihrem Körper
- Stellen Sie sich ans Fenster. Machen Sie „Trockenschwimm-Übungen".
  Strecken Sie Ihre Arme nach vorn. Atmen Sie während Ihrer Schwimmbewegung (Arme an den Körper bringen) tief ein.
  Mit dem Strecken der Arme atmen Sie kräftig und hörbar aus.
  Anschließend bleiben Sie einen Moment ruhig stehen und spüren ihren Atem ruhiger werden
- Stellen Sie sich hüftbreit gegrätscht ans geöffnete Fenster. Verlagern Sie abwechselnd Ihr Gewicht vom linken auf den rechten Fuß. Heben Sie beim Verlagern leicht die Ferse vom Boden, während Sie mit der anderen Ferse kräftig aufstampfen. Begleiten Sie die Bewegung durch ein kraftvolles Ausatmen, das Sie mit beliebigen Lauten verbinden können („sch", ff", hu"). Wählen Sie Ihr eigenes Tempo

Anschließend bleiben Sie einen Moment stehen und atmen mehrmals ruhig durch. Stellen Sie sich vor, wie Ihr Atem ruhig den ganzen Körper durchströmt

Gelenkgymnastik (4x30 Sekunden)

- Strecken Sie den Arm mit angewinkelter Hand nach vorn, drücken Sie mit der anderen Hand die Finger zurück. Nach 30 Sekunden wechseln Sie die Seite
- Kreisen Sie locker mit den Händen, strecken und entspannen Sie dabei die Finger im Wechsel
- Strecken Sie mehrmals im Wechsel den rechten und den linken Arm zur Decke
- Nehmen Sie eine aufrechte Sitzposition ein und schwingen Sie dabei die Arme locker im Wechsel (Oberkörper schwingt locker mit)

Beckengymnastik

- Sitzen Sie aufrecht auf einem Stuhl, setzen Sie die Füße schulterbreit auf.
  Bewegen Sie jetzt Ihr Becken sanft vor und zurück

- Sitzen Sie aufrecht (kein Hohlkreuz), spannen Sie Gesäß- und Bauchmuskeln an und drücken Sie gleichzeitig die Schulterblätter nach hinten – atmen Sie ruhig.
  Lassen Sie los, wiederholen Sie die Übung

Schultergymnastik

- Sitzen Sie aufrecht, stellen Sie Ihre Füße schulterbreit auf.
  Legen Sie die Daumen in die Achseln.
  Kreisen Sie mit angewinkelten Armen dreimal vorwärts, dreimal rückwärts.
  Lassen Sie los, wiederholen Sie die Übung

Entspannen

- Stehen Sie aufrecht und schütteln Sie Ihren den Körper durch, atmen Sie dabei locker.
  Atmen Sie ein, spannen sie dabei alle Muskeln an,
  atmen Sie aus – entspannen Sie die Muskeln.
  Wiederholen sie die Übung

Gedanken ausschütteln

- Stehen Sie aufrecht mit leicht gespreizten Beinen.
  Schütteln Sie den ganzen Körper.
  Schütteln Sie alle Sorgen, Ängste, Befürchtungen kräftig mit ab.
  Atmen sie mehrmals ein und aus – lächeln Sie

Energieklopfen

- Klopfen Sie den Körper mit lockeren Fäusten von unten nach oben ab.
  Trinken Sie Wasser.
  Atmen Sie tief ein und aus

Augenspiele

Um nicht zu verkümmern, benötigen auch die Augenmuskeln einen gleichmäßigen Wechsel von An- und Entspannung. Durch vermehrte Arbeit am Bildschirm sind die Augen zunehmenden Belastungen ausgesetzt.
Das ständige Fixieren des Blickes führt zu Dauerspannungen, die mit Nacken- und Kopfschmerzen einhergehen können.
Kleine Übungen helfen, die Augenmuskeln zu trainieren und zu entspannen:

Augenjogging

- Bewegen Sie die Augen schnell kreuz und quer durch den Raum
- Schauen Sie im Wechsel zuerst auf ein nahes Objekt und dann zum Fenster hinaus. Schließen Sie die Augen – wiederholen Sie die Übung

Augenreise

- Stützen Sie die Ellenbogen auf dem Tisch ab. Schließen Sie die Augen und decken Sie beide Hände darüber – genießen Sie die Dunkelheit. Atmen Sie tief durch die Nase ein und durch den Mund aus. Stellen Sie sich etwas Schönes vor. Blinzeln Sie – öffnen Sie die Augen

Augenentspannung

Verfolgung

- Halten Sie einen Stift in Augenhöhe. Fixieren Sie den Stift mit den Augen. Führen Sie den Stift langsam von der Nase weg, bis Ihr Arm gestreckt ist. Halten Sie einen Moment inne, führen Sie den Stift zurück

Augenacht

- Schließen Sie die Augen und malen Sie mehrmals eine gedachte liegende Acht mit den Augen nach

4.2 Für die große Pause

Bewegen mit „OSKAR“

O	Ohren ausstreichen	Mit Daumen und Zeigefinger die Ohrränder von oben nach unten mehrmals ausstreichen
S	Schultern kreisen	Drei bis fünfmal nach vorn, drei bis fünfmal nach hinten kreisen
K	Kiefergelenk reiben	Dabei ein „A“, „U“ und „X“ sagen
A	Augen entspannen	Mit den geschlossenen Händen die Augen bedecken, die Augen bewegen sich auf und ab, hin und her, kreisend. Augen blinzelnd öffnen. Sanft rund um die Augen klopfen
R	Reiben	An den Nasenfalten; unter den Schlüsselbeinen reiben, die Thymusdrüse klopfen

Bewegen mit „ANNABELL“

A	Augen	Mit den Augen Bewegungen der „liegenden Acht“ machen, dabei zwinkern
N	Nase	Das rechte Nasenloch wird zugehalten. Durch das linke wird tief eingeamtet. Linkes Nasenloch zuhalten und zur selben Zeit durch das rechte Nasenloch ausatmen. Mehrmals auf beiden Seiten wiederholen

N	Nacken	In die Nackenmuskulatur fassen. Den Kopf sanft erst zu der einen, dann zu der anderen Seite bewegen, bei der Dehnbewegung ausatmen
A	Arme	Beide Arme in die Luft strecken. Leicht nach vorn, nach hinten und zu den Seiten strecken
B	Beckenboden	Gesäß und Bauchmuskulatur anspannen, halten, entspannen. Dabei ruhig atmen
E	Ellenbogen	Hände leicht auf die Schultern legen. Mit den Ellenbogen seitlich Achterbewegungen nach vorn und hinten machen
L	Lymphatische Zonen	Den Bereich des Brustkorbs und der Achseln, den Rippenbogen und um den Bauchnabel reiben
L		lächeln, lockern, lächeln, atmen!

„Zur Massage fahren“

Steigen Sie zu zweit in den Fahrstuhl und fahren sie in den 5. Stock	Sich hinstellen, fünfmal hintereinander in die Hocke gehen, einen kurzen Moment dort verweilen, danach Beine strecken
Öffnen Sie die Fahrstuhltür	großräumige Armbewegungen nach hinten machen, tief ein- und ausatmen
Der Masseur kümmert sich um sie	Kollegenmassage auf dem Rücken, bedanken, lächeln, danach Wechsel

4.3 Bei der Aufsicht

Energie tanken

- Nutzen Sie die Aufsicht im Freien für Atemübungen, lachen sie mit den Schülern
- Bewegen Sie sich auf dem Schulhof, stehen Sie nicht zu lange auf einer Stelle
- Lassen Sie Ihre Augen entspannen, schauen, Sie immer wieder über den Schulhof. In die Ferne schauen, entspannt Ihre Augen
- Korrigieren Sie Ihre Haltung, richten Sie sich auf, dehnen Sie Ihren Brustkorb und atmen Sie einige Male bewusst tief ein und aus.
  Bei jeder Ein- und Ausatmung füllt und entleert sich die Lunge. Tiefe Atmung ermöglicht, das gesamte Lungenvolumen auszunutzen. Frische Luft ist die beste Grundlage für Atemübungen. Durch tiefes, langsames Atmen treten Ruhe und Entspannung ein. Genügend Sauerstoff gelangt in den Körper, die größtmögliche Menge verbrauchter Luft kann ausgeatmet werden

Aufatmen

Die Qualität der Ausatmung hat einen großen Einfluss auf die darauf folgende Einatmung.

- Nehmen Sie Ihre Hände mit gestreckten Armen hinter dem Rücken zusammen. Atmen Sie mehrmals ein und aus.
  Dehnen Sie den Brustkorb indem Sie die Arme leicht nach hinten anheben. Lassen Sie gleichzeitig Ihre Knie leicht nach vorn fallen – und atmen Sie dabei kräftig aus.
  Beim Einatmen kehren Sie in die Ausgangsstellung zurück. Achten Sie darauf, Rücken und Kopf gerade zu halten
- Gehen Sie langsam und machen Sie kleine Schritte. Atmen Sie ein, während Sie den Fuß heben. Beim Aufsetzen des Fußes atmen Sie kraftvoll aus. Wählen Sie Ihr eigenes Bewegungstempo

4.4 Und wer gar nicht will, ...

- Der hält sich durch das Vermeiden von Fahrstühlen und Rolltreppen gesund, denn für Fitness-Muffel gibt es den Tipp, sich durch Treppensteigen beweglich zu halten.
  Die Vorteile des „Treppentrainings“ sind bekannt: Herz und Kreislauf sowie Hirndurchblutung und Synapsenbildung werden ange-

kurbelt, viele Muskeln werden trainiert, zusätzliche Kalorien verbrannt. Stress wird abgebaut

- Der trinkt regelmäßig ein Glas Wasser, um einer Dehydrierung von Gehirn und Körper entgegen zu wirken

4.5 Und wer noch mehr will, ...

- Der kommt zu Fuß zur Arbeit
- Der stellt sein Auto ein paar Meter von der Schule entfernt ab
- Der steigt als Nutzen öffentlicher Verkehrsmittel eine Haltestelle früher aus
- Der erledigt auch kleine Wege selbst, statt andere zu schicken
- Der nutzt das Telefonieren zum Hin- und Hergehen
- Verbindet Pausen mit Bewegung
- Nutzt Wartezeiten mit kleinen Übungen (Fingergymnastik, Atemübungen, An- und Entspannungsübungen der Muskulatur)

Behaglichkeit im Lehrerzimmer ebnet den Weg, sich zu entspannen und zu aktivieren.
Achten Sie auf angenehme Umgebung, genügend Wärme, Phasen von frischer Luft, Reizarmut, Struktur (Materialien auf Tischen, Infowände) und denken Sie an Stille!

Auch die Gestaltung des Lehrerzimmers ist wichtig

Die Weisheit eines Menschen misst man nicht nach seinen Erfahrungen, sondern nach seiner Fähigkeit, Erfahrungen zu machen.

(Georg Bernard Shaw)

5. Tipps zum Einstieg in das Lernen mit Bewegung

Freude an der Arbeit lässt das Werk trefflich geraten

Aristoteles (griechischer Philosoph)

Schüler signalisieren uns durch ihr Verhalten das Bedürfnis nach Wahrnehmungs- und Bewegungsreizen.
Je länger sie im Unterricht sitzend arbeiten, desto häufiger kippeln, rutschen und räkeln sie sich auf ihren Stühlen. Die Beine und Füße werden hin und her geschoben und einige Schüler liegen quer über dem Tisch. Oft stören sie ungewollt den Unterricht und erschweren die Konzentration anderer Klassenkameraden.
Pädagogen erkennen die Zeichen und trotzdem zögern sie häufig, direkt mit verändertem Unterricht darauf zu reagieren.
Bedingt durch zunehmend schwierige Unterrichtsbedingungen (einerseits eine steigende Zahl der Schüler mit Wahrnehmungs-, Lern- und Verhaltensschwierigkeiten, andererseits von staatlicher Stelle festgelegte steigende Anforderungen der zu erbringenden Leistungen der Schüler) verspüren Lehrer häufig nicht mehr die Motivation und Kraft, sich dem „Wagnis“ eines mit Bewegung kombinierten Unterrichts auszusetzen. Trotzdem soll in diesem Buch nachdrücklich dazu ermuntert werden – das Ergebnis wird überzeugen, Lehrer und Schüler werden davon profitieren!
Einige Hinweise aus jahrzehntelanger praktischer Arbeit und wissenschaftlicher Erkenntnis sollen dem Leser zur Unterstützung dienen:

5.1 Regeln und Strukturen

Es ist es für alle Schüler wichtig, klare und überschaubare Regeln und Strukturen im Schulalltag zu erfahren. Dies gilt auch und im Besonderen für Bewegungsanlässe im Unterricht.
Die Einführung von abgesprochenen Regeln und das Erleben von klarer Struktur im Unterrichtsgeschehen bilden die Grundlage für ungestörtes Lernen.

Dabei ist es wichtig, Regeln vor der Einführung mit den Schülern altersgerecht zu besprechen, um sie auf ihren Wert zu überprüfen. Sind Regeln vereinbart, haben sie nur dann Sinn, wenn auch Konsequenzen auf die Nichteinhaltung besprochen und später eingesetzt werden.
Konsequenzen sind nicht mit beliebigen Strafen gleich zu setzen, sondern sie sind eine logische, für alle nachvollziehbare Folgerung aus dem regelwidrigen Verhalten.
Regeln bieten Sicherheit, sie gewährleisten Voraussehbarkeit für das eigene und das Verhalten anderer, sie verhelfen zu innerer Ruhe.

Regeln gestatten mehr Freiheit!

Bewegter und handlungsorientierter Unterricht profitiert von Regeln, die selbstverständlich von Schülern und Lehrern im Unterricht gelebt werden.
Strukturen beinhalten räumliche, zeitliche und inhaltliche Aspekte. Der Sitzplatz des Schülers, die Ordnung im Klassenraum, der Wechsel von sitzendem zu bewegtem Unterricht ... gehören dazu.
Strukturen unterstützen den Aspekt von Klarheit und Überschaubarkeit im Schulalltag.
Rituale (gemeinsames Begrüßen, feste Zeiten für Gespräche ...) begünstigen Strukturen und verhelfen zur notwendigen Rhythmisierung des Schulalltags. Sie erleichtern Schülern und Lehrern das Schulleben, weil sie zu innerer Sicherheit, Verlässlichkeit und Voraussehbarkeit beitragen. Sie ermöglichen, die tägliche Bewegung als festen Bestandteil des Schulalltags einzuordnen.

Das Grundbedürfnis nach Bewegung und Pausen für Gehirn und Körper des Lernenden muss angemessen beachtet werden. Die Kombination von Bewegung und Lernen soll als gesundheitspädagogische Grundlage im Schulalltag verankert sein!
Forschung belegt, dass es wichtig ist, sich bei geistiger Arbeit immer wieder zu bewegen, um eine ausgeglichene Zusammenarbeit im Gehirn zu unterstützen.
In einer Studie wurde beim Lernen mit gleichzeitig angemessener motorischer Anregung der Intelligenzquotient von fast 30.000 Teilnehmern im Schnitt um 10% gesteigert.
Bewegung, Entspannung, Freude, Heiterkeit, Interesse, Motivation, Energie, Aufmerksamkeit, Regelmäßigkeit und Wiederholung gelten als Mosaiksteine des Lernens.
Schule hat alle Möglichkeiten, diese Mosaiksteine zu bieten.

„Für viele Menschen ist Lernen identisch mit Pauken und vor allem damit, dass es keinen Spaß macht. Aber auch das ist gelernt!“[1]

- Regeln
- Struktur
- Bewegung

5.2 „Vor-Bilder“ sind hirnwirksam

Alles Lernen, Erleben und Erfahren vollzieht sich im Zusammenspiel mit zwischenmenschlichen Beziehungen.
„Zwischenmenschliche Beziehungen hinterlassen ihre Spuren in Seele und Körper ...“[2]
und gelten als biologischer Gesundheitsfaktor.
„Überall da, wo sich Quantität und Qualität zwischenmenschlicher Beziehungen vermindert, erhöht sich das Krankheitsrisiko.“[3]
Wir wirken durch die Gestaltung unserer zwischenmenschlichen Beziehungen entscheidend daran mit, was sich biologisch in uns selbst und in unseren Schülern abspielt – aus diesem Wissen ergibt sich eine besondere Verantwortung für jeden einzelnen Pädagogen.
Schüler brauchen deutliche Signale der Beziehungsaufnahme. Das Gesehenwerden als „Ich“, das Lob und das anerkennende Lächeln dienen der Motivationssteigerung und dem Lerneifer.

- Zwischenmenschliche Beziehung
- Signale der Beziehungsaufnahme
- Kontakt mit dem Individuum
- Lob und Anerkennung

Bei der Gestaltung von Beziehungen zwischen Lehrern und Schülern spielen Spiegelneuronen[4] eine entscheidende Rolle.

[1] Spitzer, M. (2002): Lernen
[2] Bauer, J. (2004): Das Gedächtnis des Körpers
[3] ebd. S: 13
[4] Spiegelneuronen sind Nervenzellen, die im Gehirn die gleichen Potentiale bei Beobachtung einer Tätigkeit auslösen, als würde die Tätigkeit durchgeführt. Sie wurden in den 1990-er Jahren zum ersten Mal von Vittorio Gallese und Giacomo Rizzolatti an der Universität Parma in Tierversuchen entdeckt.

Sie bilden vermutlich die neurobiologische Grundlage für das „Lernen am Modell“.
Diese Nervenzellen, die auch im praemotorischen Cortex nachgewiesen wurden, versetzen schon den Säugling in die Lage, ihm zugedachte Signale zurückzuspiegeln.
Gesichtsausdruck, Blick, Laute, Berührungen ... haben somit eine bedeutende Wirkung auf unser Gegenüber.
Für das Gelingen des wechselseitigen Verstehens und für das Eingehen aufeinander, können demnach mimische Signale wie z.B. das Lächeln entscheidende Geheimnisse unserer Kommunikation mit Schülern sein.

Spiegelneuronen sind von großer Bedeutung für das Lernen, da sie ein wichtiges und entscheidendes Bindeglied zwischen der Beobachtung und der Ausführung eines Vorgangs sind. Experimente belegten eine Übertragungsfunktion der Spiegelneuronen. Der Schüler, der die Möglichkeit hat, eine Handlung zu beobachten, verbessert und erhöht seine Bereitschaft, die Handlung selbst auszuführen. Der Erwerb der sensorischen und motorischen Wahrnehmungskompetenz wird erweitert, d. h, der Lehrer unterstützt seine Schüler in mehrfacher Hinsicht durch Zeigen und Vormachen.

Für Bewegungsangebote ist es daher wichtig, dass der Lehrer sich gemeinsam mit den Schülern bewegt. Reaktionen des Pädagogen auf das Verhalten einzelner Schüler bei Bewegungsangeboten wiederum bieten Spiegelungsmöglichkeiten für soziale Bereiche.
Empathiefähigkeit, Verständnis, Mitgefühl, Rücksicht und Toleranz sind genauso wie das Setzen und Einhalten klarer Grenzen Spiegelungserfahrungen.
Das gesamte Klassen– und Lernklima lebt nicht allein von der fachlich guten Qualifikation des Lehrers, sondern auch von der Art und Weise des emotionalen Umgangs mit den Schülern.

- Spiegelung von Handlungen und Bewegung
- Wiederspiegelungen von Mimik, Gestik, Lauten, Empathie
- Bereitschaft und Motivation

Ein Experiment aus dem Jahre 1972 belegt, dass der Gesamteindruck einer Persönlichkeit zu 55% von der Körpersprache, zu 38% von der Stimme und nur zu 7% vom Inhalt des Gesprochenen bestimmt wird.[5]

[5] http://www.berlinx.de/ego/1198/art9.htm

Wenn Lehrer und Schüler zusammenkommen, reden sie miteinander – sogar wenn sie nicht sprechen, denn der Körper ist niemals stumm, er spricht immer. Nonverbale Botschaften sind machtvoll.
Das Wichtigste für die Teilnahme am gemeinsamen Bewegen ist daher nicht, Schülern mit Worten die Notwendigkeit der Bewegung zu erläutern.
Ausschlaggebend zum aktiven Mitmachen wird vorrangig die Körpersprache des Lehrers sein. Sie kann Freude, Wohlergehen und Selbstverständnis beim Bewegen ausdrücken.
Blickzuwendung und Lächeln, die das gemeinsame Bewegen unterstützen, signalisieren den Schülern zusätzlich Aufmerksamkeit, Zuneigung und Freundlichkeit.
Für den Unterricht eines Pädagogen, der sich „selbstverständlich" mit der Klasse bewegt, wird Bewegung selbstverständlich sein!

- Selbstverständlichkeit der Bewegung
- Freude an der Bewegung
- Wohltat der Bewegung

Erst wenn uns allen – den Eltern, Erziehern, Lehrern und Bezugspersonen von Schülern – klar und deutlich ist, dass wir als Vorbilder genauso wirksam sind wie das Selbsterleben und das Selbsterlernen, wird ein Umdenken in der Erziehung und der Pädagogik stattfinden. Im Moment sind wir noch weit davon entfernt.

5.3 Anregungen zum Einstieg in die tägliche Bewegung

Forschungsergebnisse und Fachwissen sollten nicht nur interessieren und imponieren, sondern sie müssen zum Wohle der Schüler auch in die Praxis umgesetzt werden!
Um Bewegung im täglichen Unterricht regelmäßig und bewusst zu integrieren, können folgende Hinweise Hilfen bieten:

1. wenig
   Beginnen Sie mit kurzen, einfachen und für Sie selbst überschaubaren Bewegungseinheiten am Tag.
   Sie bieten Ihren Schülern damit die nötige Struktur, den Wechsel vom Sitzen zum Bewegungslernen zu genießen und nicht als Chaossequenzen zu empfinden.
   Verbinden sie z.B. ihre morgendliche Begrüßung mit einer Dre-

hung (Grundschule), lockern Sie Ihren Unterricht durch Fingergymnastik oder Dehnübungen auf (Sekundarstufe)

2. wiederholen

   Wiederholen Sie die eingeführten Bewegungseinheiten in gleicher oder in variierter Form. Durch das Wiederholen lernen die Schüler, Bewegung als alltäglichen Anteil der Unterrichtsstunde wahrzunehmen und anfängliche Unruhe durch Bewegungssequenzen im Unterricht verliert sich. Schüler erwarten zudem nicht jeden Tag eine neue Aktion, sie finden Sicherheit in Bekanntem

3. regelmäßig

   Regelmäßige Bewegungseinheiten führen zu Erfolgen. Die Schüler lernen angemessen damit umzugehen. Die tägliche Bewegung hat intensiven und nachhaltigen Einfluss auf das Lernen und Verhalten der Schüler. Es ist für das Lernen wirkungsvoller, jeden Tag regelmäßig kleinere Bewegungsangebote zu bekommen als sich einmal die Woche eine ganze Stunde zu bewegen

4. erweitern

   Erweitern Sie ihre Angebote kontinuierlich und schrittweise, wenn sie bemerken, dass die Schüler mit der Bewegung im täglichen Unterricht umgehen können. Angebote dürfen einerseits nicht unattraktiv werden, andererseits benötigen Schüler Zeit, um Entspannen und Bewegen zu lernen

5. selbst erfinden lassen

   Das Eingebundensein in Entwicklung von Spiel- und Bewegungsideen motiviert zu aktiver Mitarbeit in den Bewegungsphasen und hat positive Auswirkung auf die Lernphasen. Die Schüler-Lehrer-Beziehung profitiert davon

6. übernehmen lassen

   Die Übernahme der Spielleiterrolle weckt Verantwortung und verändert den Schulalltag. Sie entkrampft die Lehrer-Schüler-Rolle, ohne die Autorität des Lehrers in Frage zu stellen

7. spielerisch

   Der spielerische Charakter der Bewegungsangebote unterstützt deren entspannenden Charakter

8. Regeln einhalten

   Bewegter Unterricht lebt vom Einhalten verabredeter Regeln. Je mehr Freiheit die Klasse hat, umso genauer muss sie sich an bestimmte Regeln halten

9. Differenzierung

   Bewegungsangebote sind keinen Zensuren und keinem Leistungsdenken unterworfen. Es darf sich individuell bewegt werden, d.h. Differenzierung wird ermöglicht

10. altersangemessen
Jüngere Schüler brauchen das Spiel, um Lernen mit Freude zu verbinden.
Für die Arbeit mit älteren Schülern hat es sich als besonders wichtig erwiesen, den Schülern Zweck und Wirkung bestimmter motorischer Bewegungen zu erklären. Der Aufbau und die Arbeitsweise des Gehirns interessieren die Schüler ebenso wie die Entwicklung des Menschen, besonders in Bezug auf Wahrnehmen, Bewegen und Lernen.
11. Über- und Unterforderung
Über- und Unterforderung bei den Bewegungsangeboten führt zum Chaos im Unterricht oder zum Abbruch der Bewegungsangebote durch Lehrer und Schüler.
Überforderung liegt vor, wenn Aufgabenstellungen zu komplex sind, z.B.
   a. Wenn das gesamte „1x1-Rückenspiel" (M 13) an einem Tag eingeführt wird, „weil die Schüler die Einmaleins-Reihen bereits erlernt haben" (dies überfordert auch Lehrer in Fortbildungen)
   b. Wenn das Spiel „Fotografieren" gespielt wird, ohne dass Schüler gelernt haben, sich gegenseitig blind zu führen
12. Selbstverständnis des Lehrers
Das Selbstverständnis des Lehrers bei der Bewegung zeigt sich in seiner Körpersprache und in der Ernsthaftigkeit mit der er altersangemessen die Bewegungsspiele erklärt und sich selbst mitbewegt. Begeisterung lässt sich nicht spielen, man muss selbst begeistert sein, dann springt der Funke über:
   a. Bewegen Sie sich mit Ihren Schülern
   b. Verbinden Sie Lernen mit Heiterkeit
   c. Denken Sie an eine kleine Atempause
   d. Singen Sie zwischendurch

Was wir sind, sind wir durch unseren Körper.
Der Körper ist der Handschuh der Seele,
seine Sprache das Wort des Herzens.
Jede innere Bewegung, Gefühle, Emotionen,
Wünsche drücken sich durch
unseren Körper aus.

(Sammy Molcho, Körpersprachenexperte)

5.4 Zusätzliche Möglichkeiten, bewegtes Lernen zu unterstützen

- Sitzfreiheit

  Die Möglichkeit des Schülers seine Sitzposition zu verändern, verschafft ihm die notwendige Bewegungsfreiheit und unterstützt sein Lernen.
  Die Vielfalt des Sitzens zu erforschen, ist gesund.
  Auch am beruflichen Arbeitsplatz werden zunehmend alternative Haltungen gefördert.
  Große Firmen haben sogenannte „Denkflure" eingerichtet, auf denen Spitzenkräfte genauso „wandeln" wie früher griechische Philosophen. Durch das Gehen verbessern sich die Durchblutung und die Sauerstoffversorgung des Gehirns, die Zusammenarbeit der rechten und linken Hemisphäre unterstützt das Denken. Die Zahl der Peripatetiker[6] steigt.
  Eine Studie aus Amerika belegt eine bis zu 20% schnellere Reaktionszeit im Stehen als im Sitzen.[7]
  In japanischen Großbetrieben werden Stehkonferenzen durchgeführt, um schnellere Lösungen zu finden und frühzeitiges Ermüden zu vermeiden.

Den Rücken entlasten

[6] Ein Peripatetiker (griech.: *peripatetikos*, „Umherwanderer)" ist ein Schüler oder Anhänger des Aristoteles, der in den Anlagen des Lykeions zu Athen umherwandelnd seine Philosophie lehrt

[7] Kempf, H.-D. (1994): Die Sitzschule, S. 30

Den Rücken entlasten

Entspannter lernen durch gelegentliche Veränderung der Sitzposition

Entspannter lernen durch gelegentliche Veränderung der Sitzposition

Das Vestibularsystem stimulieren –
leichter Ruhe finden

Durch veränderte Körperhaltung die eigene Konzentration unterstützten

- Erledigen von Klassenämtern
  Die Sorgfalt für die Klasse ist in der Regel mit Bewegung verbunden: Blumendienst, Tafeldienst, das Fegen des Klassenzimmers ...

- Emotionale Sicherheit
  Emotionale Sicherheit gibt Mut, sich in der Klassengemeinschaft und im Klassenraum zu bewegen

- Handlungsorientiertes Lernen,
  Freiarbeit und Teamarbeit fördern die Lernleistung

- Wasser trinken im Unterricht
  Ausreichendes und regelmäßiges Trinken von Wasser steigert die körperliche und geistige Leistungsfähigkeit[8].
  Der menschliche Körper besteht zu etwa 75% aus Wasser und zu 25% aus festen Stoffen.
  Wasser steigert die Leistungsfähigkeit des Immunsystems, es ist Hauptlösungsmittel für Nahrungsmittel, Vitamine und Mineralien.
  Durch die Mithilfe des Wassers können die roten Blutkörperchen in der Lunge mehr Sauerstoff aufnehmen.
  Wasser transportiert giftige Abfallstoffe des Körpers und sorgt für ihre Ausschwemmung.
  Das menschliche Gehirn soll zu 85% aus Wasser bestehen, es reagiert sehr empfindlich auf Wassermangel oder Wasserverlust.
  Wasser liefert dem Gehirn elektrische Energie zum Denken.
  Wasser wird für die Bildung aller Neurotransmitter und aller vom Gehirn produzierten Hormone gebraucht.
  Wasser steigert die Arbeits- und Leistungsfähigkeit, es verlängert die Aufmerksamkeitsspanne.
  Kinder und Jugendliche benötigen wachstumsbedingt viel Wasser.
  Zuckerhaltige Getränke ersetzen Wasser in keiner Weise – sie sind keine Unterstützung für den Entwicklungsprozess des Heranwachsenden[9]

- Ruhe in Arbeitsphasen
  Lärm in der Schule gilt als ein wesentlicher Stressfaktor für Schüler und Lehrer.
  Der Lärmpegel in Klassen behindert konzentriertes Lernen. Eine Studie der Universität Oldenburg besagt, dass in Grundschulklassen während des Unterrichts ein Lärmpegel zwischen 70 und 77

[8] WNZ, 5.4.2003, S. 5
[9] Batmanghelihj, F. (2004): Sie sind nicht krank, Sie sind durstig, S. 21ff

Dezibel gemessen wurde. Der Grenzwert für Arbeitsplätze mit geistiger Tätigkeit ist bei 50 bis 55 Dezibel vorgesehen. Klassenräume mit Vorhängen, Teppichen und Filzunterlagen unter Stühlen und Tischen verringern alltägliche Begleitgeräusche.
Wissenschaftler vom Institut für interdisziplinäre Schulforschung im Fachbereich Human- und Gesundheitswissenschaften der Universität Bremen plädieren nachdrücklich für eine Verbesserung der Raumakustik in Klassenräumen, um Unterricht zu verbessern. Sowohl schallabsorbierende Decken als auch pädagogische und organisatorische Maßnahmen können den Lärmpegel in Klassen deutlich verringern.[10]
Eine gute Raumakustik verbessert die Sprachverständlichkeit und somit auch die Kommunikation innerhalb der Klasse. Schüler und Lehrer müssen sich nicht durch lautes und anstrengendes Reden verständigen, ihre Stimmbelastung wird verringert.
Die steigende Anmeldezahl bei Lehrerfortbildungen zu Seminaren der Stimmschulung macht auf die enorme Belastung aufmerksam.
Der Einsatz einer Anti-Lärm-Ampel macht Schüler und Lehrer auf ansteigende Unruhe aufmerksam, bietet sichtbare gesundheitsschützende Lärmreduzierung und dient dadurch der Verringerung von Stress und Belastung beim Lernen.[11]

Grünes Licht für ruhiges Lernen mit einer Smiley-Ampel

[10] www.ISF.uni-bremen.de
[11] Org-Delta GmbH: Die Smiley Ampel (Anti-Lärm-Ampel), Adresse s. Anhang

- Musik
  Musik, besonders das eigene Singen, aktiviert dieselben Motivationssysteme, die auch auf Schokolade (und Kokain) ansprechen. Im Frontalhirn wird beim Singen Dopamin (Dopamin spielt auch bei der Steuerung von Bewegung eine wichtige Rolle) freigesetzt und unterstützt dadurch Wachsein und klares Denken. Zusätzlich werden im Frontalhirn Endorphine freigesetzt, die für positive Stimmung sorgen. Gleichzeitig führt das Singen zu einer verringerten Aktivität der Amygdala in der rechten und linken Hemisphäre, was dazu führt, dass Angst heruntergeregelt wird und Gelassenheit und Entspannung eintreten können.
  Gemeinsames Singen unterstützt zusätzlich das Gruppengefühl der Klasse.
  Pädagogen sollten sich davon befreien, ihr eigenes Singen als peinlich zu empfinden. Miteinander zu singen ist kein Wettstreit, keine Prüfung. Es zeigt den Schülern, die häufig ebenso wie ihr Lehrer behaupten, sie könnten nicht singen, dass jeder Mensch singen kann, darf und soll.
  Miteinander singen verbindet die Gruppe, macht Spaß und sorgt für eine gute Atmosphäre in der Klasse

- Kleine praktische Hilfen im Klassenraum:
  - CD Player und einige CDs
  - Würfel
  - Bierdeckel
  - Esslöffel
  - Stifte
  - Radierer
  - Lineale
  - Schmierblätter
  - Leere Joghurtbecher
  - ...

- Tipps zu bewegten Hausaufgaben:
  Auch zu Hause kann Bewegung gut mit Lernen verbunden werden, z.B.
  - Vokabeln lernen mit Kopfhörer beim Joggen
  - Referate beim Gehen üben
  - Gelerntes (Gedicht, 1x1 ...) beim Spaziergang vortragen
  - 1x1 hüpfen
  - Laufdiktat
  - Lernen auf dem Fahrrad-Ergometer
  - ...

- Zusätzliche Möglichkeiten, um Bewegung in der Schule zu unterstützen:
  - Tägliche Bewegungszeit
  - Bewegte Pausen
  - Ruheraum zur „Stillen Pause“
  - Sportunterricht nach Lehrplan (ohne Kürzung!)
  - Die tägliche Sportstunde
  - Motopädagogische Elemente im Sportunterricht
  - Motopädagogische Nachmittagsangebote
  - Erlebnispädagogische Angebote
  - Eltern-Kind-Bewegungsangebote
  - Zusammenarbeit Schule – Verein
  - Fahrradfreundliche Schule[12]
  - Gehstrecke zwischen Schule und Bushaltestelle
  - Gehstrecke zwischen Parkplatz (Bringen und Abholen der Kinder durch die Eltern) und Schule
  - Sport und Bewegung in Arbeitsgemeinschaften
  - Gesundes Pausenfrühstück – Kiosk
  - Zusammenarbeit mit der Gemeinde (Jugendamt, Sozialamt, Gesundheitsamt ...)
  - Zusammenarbeit mit Sportverbänden, Musikschulen
  - Zusammenarbeit mit Kinderärzten, Therapeuten und Krankenkassen
  - Gemeinsame Treffen und Fortbildungen von Eltern, Lehrern und Erziehern
  - ...

Wahrnehmungs- und Bewegungsangebote unterstützen in jedem Alter den Sprach- und Lächeldialog des Schülers und tragen damit zu einer umfassenden physischen und psychischen Gesundheitsunterstützung sowie zur intellektuellen Förderung bei.
Gesundheit, Sozialverhalten und Lernmöglichkeiten profitieren davon.

Bewegungs- und Spielangebote ermöglichen das Erlernen eines fairen Umgangs miteinander.
Sie vermindern Konkurrenzdenken, ermöglichen im schulischen Umfeld das Erleben sozialer Unterstützung durch Schulkameraden und

[12] Beachten Sie hierzu die Vorschriften zum Versicherungsschutz in Ihrem Bundesland

tragen wesentlich zur Entspannung der Schüler-Lehrer-Beziehung bei. Sie dienen dem positiven Selbstwertempfinden und untermauern das Zusammengehörigkeitsgefühl der Klasse.

Der „spielfähige“ Pädagoge profitiert von den Schülern und die Schüler von ihm. Gemeinsame Lebensfreude, gespürte Sinnhaftigkeit, erlebtes Körpergefühl, motiviertes Lernen und ein Zuwachs an Kompetenzen werden die Ernte sein.
Bewegtes Lernen ist neurobiologisch sinnvoll!

Lachen und Lächeln sind Tor und Pforte, durch die viel Gutes in den Menschen hineinhuschen kann
(Christian Morgenstern)

6. Anhang

6.1 Hilfreiche Adressen

6.1.1 Bundesweite Adressen

Bundeszentrale für Gesundheitliche Aufklärung
Ostheimer Straße 220, 51109 Köln
www.bzga.de

Verbraucherzentrale Bundesverband e.V.
Markgrafenstraße 66, 10969 Berlin
www.verbraucherzentrale-berlin.de

BAD Gesundheitsvorsorge und Sicherheitstechnik GmbH
Zentrum Frankfurt Nord
Alt-Eschersheim 34, 60433 Frankfurt
www.bad-gmbh.de

Deutsche Hauptstelle für Suchtfragen e.V.
Postfach 1369, 59003 Hamm
www.dhs.de

Verein Programm Klasse2000 e.V.
Bienweg 14, 90425 Nürnberg
www.klasse2000.de

Die Kinder- und Jugendaktion des Projektes Mahlzeit von „Brot für die Welt"
Aufgeschmeckt! und Projekt Mahlzeit
Gänsheidestr. 43, 70184 Stuttgart
E-Mail: aufgeschmeckt@fakt-consult.de
http://projekt-mahlzeit.de/aufgeschmeckt/index_flash.htm

Deutsche Gesellschaft für Ernährung e.V.
Godesberger Allee 18, 53175 Bonn
Internet: http://www.dge.de
E-Mail: webmaster@dge.de

Forschungsinstitut für Kindererhährung
DONALD Studie
Einstück 11, 44225 Dortmund
www.fke-do.de

aid infodienst
Verbraucherschutz – Ernährung – Landwirtschaft e. V.
Friedrich-Ebert-Str. 3, 53177 Bonn
www.aid.de

Berufsverband der Kinder- und Jugendärzte (BVKJ)
Mielenforster Straße 2
51069 Köln
E-Mail: bvkj.buero@uminfo.de
www.kinderaerzteimnetz.de

Deutsche Gesellschaft für Kinder- und Jugendpsychiatrie,
Psychosomatik und Psychotherapie
Geschäftsstelle der DGKJP
Klinik für Kinder- und Jugendpsychiatrie und -psychotherapie
35033 Marburg
E-Mail: geschaeftsstelle@dgkjp.de

Deutsche Gesellschaft für Gesundheitsfördernde Schulen e.V.
Fenskeweg 2, 30165 Hannover
E-Mail: angelika.maasberg@gesundheit-nds.de
www.dggs.de

Arbeitsgemeinschaft Adipositas im Kinder- und Jugendalter
Vestische Kinder- und Jugendklinik
Universität Witten-Herdecke
Dr. F. Steiner Straße 5, 45711 Datteln
E-Mail: T. Reinehr@kinderklinik-datteln.de
www.a-g-a.de

Bundesverband der Unfallkassen
Fockensteinstraße 1, 81539 München
www.buk@unfallkassen.de

Bundesarbeitsgemeinschaft für Haltungs- und Bewegungsförderung e.V.
Friedrichstraße 14, 65185 Wiesbaden
E-Mail:baggesund@aol.com
www.bag-haltungundbewegung.de

Ständige Konferenz der Kultusminister
der Länder in der Bundesrepublik Deutschland
www.kultusministerkonferenz.de

Deutscher Bildungsserver
www.dbs.schule.de

Deutscher Bildungsserver: Gesundheitserziehung/-förderung
www.eduserver.de

Institutionen für Lehrerfortbildung, Schulentwicklung und Qualitätsentwicklung der Bundesländer
www.lehrerfortbildung.de/links

Netzwerke gegen Gewalt
www.wikiservice.at/fug/wiki.cgi?NetzwerkGegenGewalt

Tipps zur Einführung in den täglichen bewegten Unterricht
www.lehrer-online.de/dyn/9.asp?url=239171.htm

Deutscher Sportlehrerverband – DSLV e. V.
Schulstr. 12, 24867 Dannewerk,
www.dslv.de/

Deutscher Sportbund
Otto-Fleck-Schneise 12, 60528 Frankfurt am Main
E-mail: info@dsb.de
www.dsb.de/index.php?id=356

Bundesjugendsekretariat Deutsche Turnerjugend
Otto-Fleck-Schneise 8, 60528 Frankfurt am Main
E-mail: bjs@tuju.de

Aktionskreis Psychomotorik e.V.
Kleiner Schratweg 32, 32657 Lemgo
E-Mail: akp@psychomotorik.com
www.psychomotorik.com

AOK-Bundesverband
Kortrijker Straße 1, 53177 Bonn
Telefon: (02 28) 84 30
Telefax: (02 28) 84 35 02
www.aok-bv.de

Smiley Ampel, die Anti-Lärm-Ampel
Org-Delta GmBH
Friedrichstraße 10, 73262 Reichenbach/Fils
E-Mail: info@org-delta.de
www.org-delta.de

6.1.2 Adressen aus Hessen

Hessisches Kultusministerium
Schule & Gesundheit
Luisenplatz 10, 65185 Wiesbaden
Dr. Beate Zelazny
Abt. II. 6
E-mail: b.zelazny@hkm.hessen.de
Projektbüro Schule & Gesundheit
E-Mail: schuleundgesundheit@hkm.hessen.de
www.schuleundgesundheit.hessen.de

Hessische Arbeitsgemeinschaft für Gesundheitserziehung e.V.
Heinrich-Heine-Strasse 44, 35039 Marburg
www.hage.de

AOK – Die Gesundheitskasse in Hessen
Gesundheitsförderung
Gernsheimer Straße 43, 64521 Groß-Gerau
E-Mail: Maria.Goldberg@he.aok.de
www.aok.de/hes
www.starke-eltern.de

Unfallkasse Hessen
Opernplatz 14, 60313 Frankfurt
E-Mail: praev@ukh.de
www.ukh.de

Verband für Unabhängige
Gesundheitsberatung e. V. (UGB)
Sandusweg 3, 35435 Wettenberg/Gießen
Mail: ugb@erlebniskiste.de
www.ugb.de

Amt für Lehrerbildung
Stuttgarter Straße 18-24, 60329 Frankfurt
http://afl.bildung.hessen.de

Schule machen ohne Gewalt
SMOG e.V.
Severingstraße 1-7, 36041 Fulda
www.smogline.de

Kobex
www.afraverlag.de

Verein „Kinder im Fluss“
Initiative „Tat-Force“
Klaus Kneifel
Am Rompelberg, 35688 Dillenburg
www.tat-force.de

Landesarbeitsgemeinschaft Jugendzahnpflege in Hessen
Rhonestraße 4, 60528 Frankfurt
www.jugendzahnpflege.hzn.de

Landesvereiningung für Milch und Milcherzeugnisse Hessen
Lochmühlenweg 3, 61381 Friedrichsdorf
www.milchhessen.de

Koordinierungsstelle Gewaltprävention
im Staatlichen Schulamt Weilburg/Lahn
Frankfurter Straße 20 – 22, 35781 Weilburg
E-Mail: h.balser@wlb.ssa.hessen.de
www.verantwortung.de

ANKe
Abteilung für Neurophysiologische Kindesentwicklung
im Staatlichen Schulamt Weilburg/Lahn
Frankfurter Straße 20-22, 35781 Weilburg
E-Mail: ankewz@t-online.de
http://anke.inglub.de

Fa. Guckloch e. K.
Material /Fortbildungen
Schöne Aussicht 11, 35585 Wetzlar
www.guckloch.biz

6.1.3 Europäische Adressen

Österreichisches Netzwerk Gesundheitsfördernde Schule
www.gesunde-schule.at

Fortbildungsinstitutionen in der Schweiz, Österreich und Italien
www.lehrerfortbildung.de/links

Das Schweizer
WHO-Netzwerk gesundheitsfördernder Krankenhäuser
www.rabid.de/gesundheit/nfy/ 0/Praevention_und_Gesundheitserziehung

Danksagung

Ich danke ganz herzlich
- allen Schülerinnen und Schülern sowie ihren Eltern für die Erlaubnis zum Fotografieren!

Ich danke ganz herzlich
- allen Lehrerinnen und Lehrern, die es mir ermöglicht haben, in ihren Klassen zu hospitieren!

Ich danke ganz herzlich
- Ellen Rieder-Hecht für die Beratung und hilfreiche Kritik,
- Carlo Schulz für seine verlässliche und arbeitsreiche Unterstützung beim Bearbeiten des Manuskripts,
- Michael Beigel für seine stundenlange, geduldige computertechnische Bearbeitung des Skripts und der Bilder!

Ohne die Mithilfe aller Genannten hätte das Buch niemals entstehen können.

Vielen Dank!

Literatur

Antonovsky, A. (1997): Salutogenese. Tübingen: dgvt-Verlag

Ayres, J. (1984): Bausteine kindlicher Entwicklung. Berlin: Springer Verlag

Ayres, J. (1998): Bausteine kindlicher Entwicklung. Berlin: Springer Verlag

Bauer, J. (2004): Das Gedächtnis des Körpers. München: Piper Verlag

Bauer, J. (2005): Warum ich fühle, was Du fühlst. Hamburg: Hoffmann u. Campe Verlag

Batmanghelidj, F. (2004): Sie sind nicht krank, Sie sind durstig! Kirchzarten: VAK

Beigel, D. (2003): Flügel und Wurzeln. Dortmund: verlag modernes lernen

Beigel, D. (2002): Das bewegte Klassenzimmer. Kirchzarten: VAK

Dennison P. und G. (2002): Brain Gym". Kirchzarten: VAK

Goddard, S. (1998): Greifen und begreifen. Kirchzarten: VAK

Hannaford, C. (1996): Bewegung ist das Tor zum Lernen. Freiburg:VAK

Irmischer, T. (1998): Grundzüge der Motopädagogik, Lemgo: Aktionskreis Psychomotorik

Kautzmann, G. (1999): Das Wunder im Kopf. München. Verlag Zabert Sandmann GmbH

Kempf, H.-D. (1994): Die Sitzschule. Reinbek: Rowohlt Verlag

Kiphard, E. J. (1990): Motopädagogik. Dortmund: verlag modernes lernen

Köckenberger,H. (1997): Bewegtes Lernen. Die Chefstunde. Dortmund: verlag modernes lernen

Köckenberger, H. (1999): Kinder müssen sich bewegen. Ravensburg: Urania Verlag

Krebs, Ch. T., Brown, J. (1998): Lernsprünge: Kirchzarten: VAK

Leboyer, F. (1981): Geburt ohne Gewalt. München: Kösel Verlag

Liebertz, Ch. (2004): in Gehirn und Geist 7/2004

Mann-Luoma, R. et al. (2002): Integrierte Ansätze zur Ernährung-Bewegung-Stressbewältigung. Gesundheitsförderung von Kindern und Jugendlichen. Bundesgesundheitsblatt 12, S. 952-959

Montagu, A. (1995): Körperkontakt: Die Bedeutung der Haut für die Entwicklung des Menschen. Stuttgart: Klett-Cotta Verlag

O'Dell, N. E.; Cook, P.A. (1998): Philipp zappelt jetzt nicht mehr. Kirchzarten: VAK

Ornstein, R.; Thompson, R.F. (1993): Unser Gehirn: das lebendige Labyrinth: Reinbek: Rowohlt Verlag

Rosenberg, Marshall B. (2003): Gewaltfreie Kommunikation. Paderborn: Junfermannsche Verlagsbuchhandlung

Rossi, E. (1993): 20 Minuten Pause. Paderborn: Junfermann Verlag

Schiffer, E., Schiffer, H. (2004): Lerngesundheit. Weinheim: Beltz Verlag

Shephard, R. J. (1988): Required physical activity and child development. Austral. J. Sci. Med. in Sport, 20, 1988, 3-9

Spitzer, M. (2002): Lernen: Heidelberg: Spektrum Akademischer Verlag

Baby und Familie (2005): Studie University of Maryland, S.6

Hessisches Sozialministerium, Hessisches Kultusministerium (2005): Entwurf Bildungs- und Erziehungsplan für Kinder von 0 bis 10 Jahren in Hessen

GEOWISSEN (2003): Lernen – Wissen – Bildung, Nr. 31

The Lancet (2000): Volumne 335, Number 9203, 12th February

WNZ (2003): Wetzlarer Neue Zeitung vom 5.4.2003

Internet

http://idw-online.de/pages/de/news69421

http://www.wdr5.de/sendungen/leonardo/dossiers/dossier_lernen/wie_menschen_lernen/314506.phtml

http://www.handicap-network.de/handicap/Glossar/glossarg.htm

http://www.aerztezeitung.de/docs/2004/12/09/225a1406.asp?cat=/medizin/adipositas

http://www.aerztezeitung.de/docs/2004/09/23/171a1001.asp?cat=/medizin/adipositas

http://www.aerztezeitung.de/docs/2004/09/22/170a0602.asp?cat=/medizin/adipositas

www.dshs-koeln.de/pressestelle/Meldungen/2002/pm31.htm

http://www.lehrer-online.de/dyn/9.asp?url=239171.htm

http://www.aerztezeitung.de/docs/2005/01/28/015a1102.asp?cat=/medizin/adipositas

http://www.aerztezeitung.de/docs/2004/09/22/170a0602.asp?cat=/medizin/adipositas

http://www.ISF.uni-bremen.de

Novitäten

Wir bringen Lernen in Bewegung® ...

Dieter Krowatschek / Uta Hengst

Mit dem Zauberteppich unterwegs

Entspannung in Schule, Gruppe und Therapie für Kinder und Jugendliche
◆ März 2006, ca. 300 S., mit Audio-CD, Format 16x23cm, fester Einband,
ISBN 3-938187-12-3, Bestell-Nr. 9355,
€ 24,80 bis 31.3.06, danach € 29,80

Jutta Bläsius

Spiele in Bewegung bringen

Tischspiele als Basis neuer Spiel- und Bewegungsideen
◆ 2005, 124 S., Format 16x23cm, Ringbindung, ISBN 3-8080-0565-3, Bestell-Nr. 1158, € 17,50

Barbara Cárdenas

Pfiffigundes Sprachwelt

Erst-, Zweit- und Schriftspracherwerb vorbereiten, beobachten, fördern
◆ April 2006, ca. 180 S., Format 16x23cm, fester Einband, ISBN 3-938187-00-X, Bestell-Nr. 9350, € 21,50

Dietrich Eggert u.a.

Theorie und Praxis der psychomotorischen Förderung

Textband und Arbeitsbuch
◆ **6., verb. u. erweiterte Aufl. 2005**, zusammen 520 S., Format 21x28cm, br + Ringbindung, ISBN 3-86145-283-9, Bestell-Nr. 8526, € 34,80

Dietrich Eggert / Christina Reichenbach

DIAS – Diagnostisches Inventar auditiver Alltagshandlungen

◆ **2., völlig überarb. Aufl. 2005**, 240 S., enthält 1 CD mit Alltagsgeräuschen, fester Einband, ISBN 3-86145-273-1, Bestell-Nr. 8525, € 25,50

Krista Mertens / Ad Verheul u.a.

Snoezelen

Anwendungsfelder in der Praxis
◆ Sept. 2005, 288 S., Format 17x24cm, fester Einband, ISBN 3-8080-0577-7, Bestell-Nr. 1225, € 21,50

Krista Mertens / Ute Wasmund-Bodenstedt

10 Minuten Bewegung

◆ **5., verb. u. überarb. Aufl. April 2006**, ca. 160 S., Format 16x23cm, Ringbindung, ISBN 3-8080-0575-0, Bestell-Nr. 1126, € 15,30

Albert Janssens

Entwicklung fördern

Ein Arbeitsbuch für Eltern und Erzieher
◆ 2005, 120 S., Format DIN A5, br, ISBN 3-938187-04-2, Bestell-Nr. 9357, € 15,30

Dorothea Beigel

Beweg dich, Schule!

Eine „Prise Bewegung" im täglichen Unterricht der Klassen 1 bis 10
◆ Nov. 2005, 256 S., in Farbe, Format 16x23 cm, fester Einband,
ISBN 3-938187-15-8, Bestell-Nr. 9367,
€ 21,50 bis 31.12.05, danach € 22,80

Klaus Miedzinski / Klaus Fischer

Die Neue Bewegungsbaustelle

Modell psychomotorischer Förderung – Lernen mit Kopf, Hand, Herz und Fuß
◆ Mai 2006, ca. 280 S., farbige Gest., Format 16x23cm, fester Einband,
ISBN 3-938187-09-3, Bestell-Nr. 9352,
€ 22,50 bis 30.6.06, danach € 24,60

Helmut Köckenberger

Rollbrett, Pedalo und Co.

Bewegungsspiele mit Materialien aus Psychomotorik, Sport und Freizeit
◆ April 2006, ca. 200 S., Format 16x23cm, fester Einband, ISBN 3-938187-20-4, Bestell-Nr. 9372,
€ 19,50 bis 31.5.06, danach € 21,50

Hans Jürgen Beins (Hrsg.)

Kinder lernen in Bewegung

◆ Juli 2006, ca. 140 S., mit Video-DVD (ca. 60 Min.), fester Einband, ISBN 3-938187-24-7, Bestell-Nr. 9370,
€ 22,50 bis 31.8.06, danach € 25,50

Silke Schönrade / Raya Limbach

Die Abenteuer der kleinen Hexe im Buchstabenland

Ein psychomotorischer Zugang zum Lernen von A-Z
◆ 2005, 208 S., farbige Abb., Format 16x23cm, fester Einband,
ISBN 3-86145-276-6, Bestell-Nr. 8336, € 20,40

Martin Vetter / Ulrich Kuhnen / Rudolf Lensing-Conrady

RisKids

Wie Psychomotorik hilft, Risiken zu meistern
◆ ca. April 2006, ca. 250 S., Format 16x23cm, fester Einband, ISBN 3-86145-278-2, Bestell-Nr. 8340, € 22,50

Christina Reichenbach (Hrsg.)

Begegnungen mit Dietrich Eggert

Impulse für Veränderungen
◆ Nov. 2005, 248 S., Format 16x23cm, br, ISBN 3-938187-14-X, Bestell-Nr. 9361, € 19,50

9/05 / 31.8.05

verlag modernes lernen
BORGMANN MEDIA
borgmann publishing

Hohe Straße 39 • D-44139 Dortmund • Tel. (0231) 12 80 08 • FAX (0231) 12 56 40
Ausführliche Informationen im Internet: www.verlag-modernes-lernen.de